Querido(a):
Lucas e eu desejamos a você que comprou este livro, muita alegria, sabedoria, aprendizado, autoconhecimento, paz e equilíbrio, e que a mensagem por ele trazida, conforte seu coração e preencha qualquer dúvida em relação à vida eterna.
Que a felicidade seja parte de sua vida todos os dias.

"Recomendo a leitura do escritor Osmar Barbosa; ele consegue nos transmitir ensinamentos espíritas de forma simples e objetiva. Traduz, através das linhas escritas, ensinamentos fundamentais para quem deseja saber um pouco mais sobre a vida nos planos espirituais e, tudo isso, em uma linguagem compreensiva a todos aqueles que necessitam de conforto e que desejam modificar suas vidas aprendendo a se tornar um Ser melhor.

Leiam os livros psicografados por ele!

Uma leitora..."

pelo Espírito LUCAS

BEM-VINDO AO UMBRAL

Book Espírita Editora
1ª Edição
| Rio de Janeiro | 2023 |

OSMAR BARBOSA

BOOK ESPÍRITA EDITORA

Capa
Marco Mancen

Projeto Gráfico / Diagramação
Alone Editorial

Imagens capa e miolo
Depositphotos

Revisão
Camila Coutinho

Marketing e Comercial
Michelle Santos

Pedidos de Livros e Contato Editorial
comercial@bookespirita.com.br

1ª edição
Prefixo Editorial: 991053
Impresso no Brasil

Dados Internacionais de Catalogação na Publicação (CIP)
(Câmara Brasileira do Livro, SP, Brasil)

Lucas (Espírito)
Bem-vindo ao umbral! / [ditado pelo espírito] Lucas, [psicografado por] Osmar Barbosa. -- 1. ed. -- Niterói, RJ : Osmar B. Santos, 2023.

ISBN 978-65-89628-41-5

1. Doutrina espírita 2. Espiritismo 3. Psicografia I. Barbosa, Osmar. II. Título.

23-176395 CDD-133.93

Índices para catálogo sistemático:

1. Psicografia : Espiritismo 133.93

Tábata Alves da Silva - Bibliotecária - CRB-8/9253

Recomendamos a leitura dos
outros livros psicografados por
Osmar Barbosa para maior
familiarização com os Espíritos
que estão neste livro.

O Editor.

O autor doou todos os direitos desta obra à Fraternidade Espírita Amor e Caridade.
www.hospitalamorecaridade.org

Conheça um pouco mais de Osmar Barbosa:
www.osmarbarbosa.com.br

Outros livros psicografados por Osmar Barbosa

Cinco Dias no Umbral

Gitano – As Vidas do Cigano Rodrigo

O Guardião da Luz

Orai & Vigiai

Colônia Espiritual Amor e Caridade

Ondas da Vida

Antes que a Morte nos Separe

Além do Ser – A História de um Suicida

A Batalha dos Iluminados

Joana D'Arc – O Amor Venceu

Eu Sou Exu

500 Almas

Cinco Dias no Umbral – O Resgate

Entre nossas Vidas

O Amanhã nos Pertence

O Lado Azul da Vida

Mãe,Voltei!

Depois

O Lado Oculto da Vida

Entrevista com Espíritos – Os Bastidores do Centro Espírita

Colônia Espiritual Amor e Caridade – Dias de Luz

O Médico de Deus

Amigo Fiel

Impuros – A Legião de Exus

Vinde à Mim

Autismo – A escolha de Nicolas

Umbanda para Iniciantes

Parafraseando Chico Xavier

Cinco Dias no Umbral – O Perdão

Acordei no Umbral

A Rosa do Cairo

Deixe-me Nascer

Obssessor

Regeneração – Uma Nova Era

Deametria – Hospital Espiritual Amor e Caridade

A Vida depois da Morte

Deametria – A Desobsessão Modernizada

O Suicídio de Ana

Cinco Dias no Umbral – O Limite

Guardião – Exu

Colônia Espiritual Laços Eternos

Despertando o Espiritual

Por que Você Morreu?

Aconteceu no Umbral

O Diário de um Suicida

Superior Tribunal Espiritual

Um Espírita no Umbral

Agradecimentos

Agradeço primeiramente a Deus por conceder a mim esse verdadeiro privilégio de servir humildemente como um mero instrumento dos planos superiores.

Agradeço a Jesus Cristo, espírito modelo, por guiar, conduzir e inspirar meus passos nessa desafiadora jornada terrena.

Agradeço ao Lucas e aos demais espíritos, ao lado dos quais tive a honra e o privilégio de passar alguns dias psicografando este livro. Agradeço, ainda, pela oportunidade e por permitirem que essas humildes palavras, registradas nesta obra, ajudem as pessoas a refletirem sobre suas atitudes, evoluindo.

Agradeço também a minha família, pela cumplicidade, compreensão e dedicação. Sem vocês ao meu lado, me dando todo tipo de suporte, nada disso seria possível.

E agradeço a você, leitor amigo, que comprou este livro, e, com a sua colaboração, nos ajudará a levar a Doutrina Espírita e todos os seus benefícios e ensinamentos para mais e mais pessoas.

Obrigado!

A todos, os meus mais sinceros agradecimentos.

Osmar Barbosa

Dedico este livro ao Lucas...
que ele esteja sempre por perto
para nos iluminar e proteger.

Osmar Barbosa

Sumário

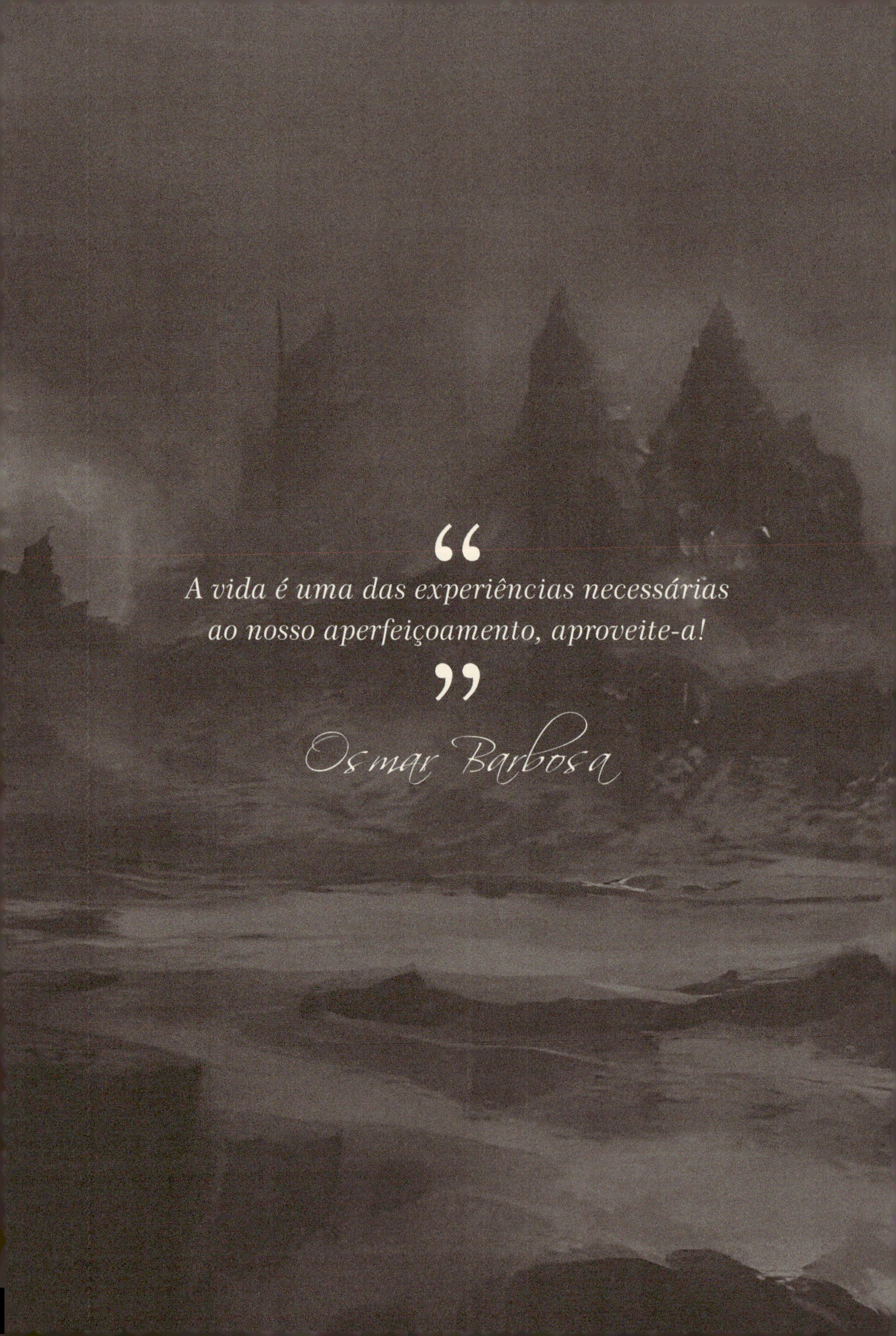

"*A vida é uma das experiências necessárias ao nosso aperfeiçoamento, aproveite-a!*"

Osmar Barbosa

Prefácio

Qual é o destino dos espíritos que fazem tanto mal às pessoas?

Foi esta a pergunta que fiz ao Lucas, quando estava com ele em desdobramento nas regiões mais profundas do Umbral.

O sábio instrutor colocou a sua mão esquerda sobre o meu ombro direito e me convidou para uma caminhada ao seu lado, com destino a uma região ainda mais distante do local onde estávamos.

– Venha, Osmar, vamos dar uma volta.

Naquele momento, o silêncio era o nosso único companheiro pelas trilhas escuras e pantanosas do Umbral.

Foi quando Lucas retirou uma das mãos que repousava em meu ombro e as colocou para trás, como se estivesse buscando em sua memória uma forma de responder à minha questão de forma simples e objetiva, como sempre faz, como sempre ocorre nos livros que escrevemos juntos.

Calado e ansioso, permaneci caminhando ao seu lado. Meus pensamentos se intensificavam à espera de mais ensinamentos. O que será que o divino instrutor teria para me revelar àquela hora? Quais ensinamentos ele nos traria nesta psicografia?

O que será que o Lucas queria me dizer? Afinal, ele havia me convidado para essa conversa em mais um dia corriqueiro em minha vida.

A caminhada foi ficando longa e vazia; parecia que o silêncio seria nosso companheiro eterno naquela manhã. Confesso que eu comecei a ficar preocupado com o mentor, até que tomei uma dose de coragem e perguntei:

– Está tudo bem, Lucas?

– Sim, Osmar, está tudo bem.

– Seu silêncio me assusta – disse temeroso pela resposta que ouviria.

– Osmar, às vezes, o silêncio é a melhor resposta. Não devemos responder à curiosidade de vocês sem que seja feita uma profunda reflexão acerca das informações que iremos passar. Afinal, minhas palavras são orientadoras e, por isso, temos que ter muito cuidado com as informações que passamos a vocês médiuns, escritores, e a todos aqueles que, através das mensagens que transmitimos, buscam respostas para os mais íntimos questionamentos. Todos estão em busca da verdade, de palavras consoladoras, e é essa a nossa mais nobre missão: orientar de forma clara e objetiva todos aqueles que nos procuram. O momento em que se encontra a população de espíritos encarnados exige de nós responsabilidade diante daquilo que vamos revelar. Como sabes, muitos espíritas e não espíritas estão presos a ideologias religiosas que aprisionam o espírito em evolução, e, nosso papel, nesse momento, é muito importante.

– Perdoe-me, Lucas, mas o que seria uma prisão religiosa?

– O espiritismo está se tornando uma igreja, e isso é algo que não deveria estar acontecendo.

– Como assim, Lucas? Você poderia explicar melhor?

– Os espíritas estão presos e apegados a um Pentateuco kardecista, como sempre aconteceu em todas as religiões. Primeiro, vocês seguiam e, até os dias atuais, ainda seguem o Pentateuco bíblico, o mesmo da Torá.

– E qual é esse Pentateuco, Lucas?

– A Torá ou a Bíblia Hebraica, como vocês conhecem, corresponde aos cinco primeiros livros do Pentateuco: Gênesis, Êxodo, Levítico, Números e Deuteronômio; e constitui também à primeira grande parte da Bíblia Cristã ou Antigo Testamento.

Os espíritas estão "cegos" e orientados somente pelo Pentateuco espírita, como citei anteriormente. Vocês precisam abrir a mente e se permitirem absorver as mensagens que são reveladas por outros médiuns, em outros tempos, em outras palavras, em outras direções. Fato que não está acontecendo.

Os espíritas estão transformando o espiritismo em uma seita, em uma igreja igualzinha àquela que vocês já conhecem há mais de dois mil anos, que é voltada somente para as questões materiais, deixando, de lado, a essência espiritual que vos faz elevar-se diante das dificuldades e das provas evolutivas.

Estamos no Universo para auxiliar a evolução de todos os espíritos, mas se os espíritas não se permitirem, a tarefa será retardada. O tempo urge e vocês precisam ser mais receptivos às mensagens trazidas pelos nobres operários do amor.

Deixem de lado as amarras ideológicas. Abram as portas do conhecimento e, principalmente, da humildade. Absorvam o conteúdo trazido pelos espíritos que atualizam as informações sobre a vida depois da morte.

Sejam mais cristãos e menos egoístas.

Abram as portas das casas espíritas para todos. Não fiquem somente nos discursos, nas cestas básicas, na doação de trapos que não lhes são mais úteis, nas palestras fundamentadas por ideologias destrutivas ou por pensadores irresponsáveis.

Sejam humanos, sensíveis, amorosos, caridosos, cristãos…

É chegado o novo tempo! Precisamos da ajuda de todos para transformar a Terra, pois ela não se transformará em razão de um acontecimento pirotécnico, muito menos, catastrófico; Deus não age assim.

Deus nos dá oportunidades diárias de transformação, e somos nós, os espíritos, que transformaremos o planeta através das atitudes dirigidas ao próximo, pois é o próximo o objetivo do amor.

Não fiquem esperando alguém pousar do céu para dizer

o que vocês devem fazer, pois nós já estamos dizendo isso todos os dias através das psicografias que chegam de todos os lugares.

Sejam inteligentes! Absorvam o que lhes engrandece a alma e descartem as informações inúteis, mas não desperdicem nenhum segundo a mais presos em ideologias religiosas.

Não é a igreja que você frequenta que diz quem você é. A igreja que Deus quer é aquela que você pratica quando ninguém está vendo.

Estude a Torá. Estude a Bíblia. Estude Allan Kardec. Estude o que tiver de estudar, mas não deixe de ouvir os outros mensageiros, pois todos partem de Deus.

– Você está chateado, Lucas?

– Claro que não. Nossa missão é trazer informações úteis sobre aquilo que lhes espera no futuro existencial. Nenhum de vocês deixará de existir, portanto, basta que acreditem nas mensagens e transformem-se todos os dias, acalmando o espírito e se preparando para a vida fora do corpo físico, pois ela não é uma utopia, ela é real.

E é isso o que nos preocupa…

Tanto tempo desperdiçado com igrejas construídas pelo ego, pela avareza, pelas aparências.

Sabe, Osmar, vocês precisam acreditar no que é dito.

– Como assim, Lucas?

– Os espíritas precisam acreditar nos espíritos. Não basta ser frequentador da casa espírita, médium, dirigente, voluntário etc. É necessário que quem se diz espírita, de fato, acredite nos espíritos. Infelizmente, o que mais encontramos nos ambientes espíritas são pseudo-espíritas conclamando a religião por fora, sem realmente tê-la por dentro.

Espíritas que não acreditam em espíritos...

– Você tocou em um ponto que, sempre que tenho a oportunidade, falo sobre. O que mais vemos, não só no espiritismo, mas também na Umbanda, são médiuns que não acreditam em espíritos, porque se acreditassem mesmo não fariam o que fazem. Se, realmente, esses "supostos" médiuns sentissem o que é uma incorporação e uma troca de energias, jamais fariam o que fazem em nome dos espíritos.

– É disso que precisamos, Osmar; precisamos de médiuns conscientes, que se preocupam não só consigo, mas também com todos aqueles que, de alguma forma, estejam envolvidos com os espíritos.

– Agradeço muito a sua preocupação conosco, Lucas, realmente precisamos falar... mas também precisamos ser pacientes com aqueles que ainda não compreendem a grande missão dos espíritos. Temos que nos dedicar ainda mais ao aprendizado e, sempre que possível e através de tudo o que vocês nos revelam, promover as transformações necessárias à nossa melhora espiritual, falando, dando nossos depoimentos sobre o que é a mediunidade... mas, meu amigo, tem tanta gente falando mentiras, enganando as pessoas, enfim... isso me entristece muito.

– Nós, orientadores espirituais, temos uma linda missão. Nosso compromisso é com a verdade; e a verdade tem por objetivo a orientação correta. Somos cobrados quando falhamos ao revelar o que acontece do outro lado da vida, por isso, esse meu momento refletivo e de desabafo. Eu tenho que ser claro e objetivo nas minhas argumentações e em minhas considerações, porque há muita coisa ainda a ser revelada e, certamente, os críticos de plantão estão sedentos por qualquer deslize nas informações que trazemos para, com isso, desqualificar mensageiros como você, que dedica uma vida inteira a nos permitir essas comunicações.

– Meu amigo, não se preocupe comigo. Sou apenas um carteiro que jamais desistirá da missão de entregar as cartas...

– Missionários como você, Osmar, nos enche de orgulho e de alegria. Continue assim e a recompensa virá, fique certo disso.

– Certamente, Lucas. Agradeço todos os dias pela linda tarefa que é a mim ofertada, e sei também que eles estão atentos ao nosso trabalho e ao trabalho de outros espíritos missionários como você. Lucas, eu gostaria de saber se todos vocês têm essa missão?

– Neste momento, todos os espíritos que estão em trabalho orientador sobre o orbe terreno estão devidamente capacitados para transmitir a vocês tudo o que acontece do lado de cá da vida. Como sabes, a vida não termina na vida corpórea; todos vocês irão continuar e devem estar bem orientados e, principalmente, preparados para o próximo passo, como venho orientando, sempre que tenho oportunidade.

– Que legal, Lucas! Fico muito feliz por vocês permitirem a mim essa tarefa... acredite, sou grato mesmo. Muitas vezes, penso em recuar, pois não recebo bem as críticas e ainda tenho muita dificuldade em aceitar os julgamentos e as injúrias, embora esteja convencido de que não tenho o direito de desistir.

– Críticas nos moldam para a perfeição, Osmar.

– Sério?

– Sim. Uma boa crítica é sempre bem-vinda e provoca no criticado uma reação que, geralmente, é corretiva e educadora, transformando o fato em algo que modifica o eu interior.

– Não tinha olhado dessa forma, Lucas.

– Sempre extraia dos acontecimentos as lições necessárias ao seu aperfeiçoamento, pois são as lições e as provas da vida que modelam o espírito para a perfeição. Osmar, todos vocês devem ter como grande e único objetivo não voltar mais para este plano, para esse corpo que vos limita muito.

– Nossa, que bom ouvir isso, Lucas.

– Osmar, vamos voltar ao nosso assunto?

– Vamos em frente, Lucas.

– Estamos comprometidos com a Nova Era, como disse. Todas as informações que passamos a vocês, através dos livros, das cartas, das mensagens e das casas espíritas, têm, como objetivo, orientar os encarnados, guiando-os para o próximo passo. É uma responsabilidade com a qual devemos nos preocupar, pois são informações a fim de alertá-los de que a vida não termina em uma vida apenas. Acho que a sua pergunta é muito oportuna e deve ser respondida com sabedoria.

– Mas eu só fiz uma pergunta, somente uma.

– Sim. E, por sinal, uma boa pergunta. E você terá a sua resposta, é só esperar um pouco.

Após alguns minutos em silêncio, Lucas disse:

– Aqui está a sua resposta, Osmar: “A paciência é virtude de poucos.”.

– Nossa, isso sim é uma resposta.

– Pratique-a!

– Lucas, posso te perguntar mais uma coisa?

– Claro que sim.

– Meu amigo, eu gostaria de saber o que acontece com os espíritos que, quando estão encarnados, fazem tanto mal aos seus companheiros de vida? Afinal, vemos tanta maldade nos dias de hoje: pessoas inocentes que são assassinadas por motivos banais, perversidade, abandono, avareza, injúria, racismo, assassinatos cruéis... será que todas essas mortes são resgates de vidas passadas? Sei que somos devedores, que fizemos muitas coisas erradas durante todos esses séculos, mas quando será que tudo isso terá fim? Quando será que os espíritos estarão ajustados para seguirem evoluindo juntos? Essa dívida não termina? Pergunto isso, porque, se analisarmos como nos ensinam os livros, jamais nos livraremos dos débitos existenciais. Perdoe-me se eu estiver errado, Lucas, mas é difícil acreditar que somos eternos devedores...

Lucas me olhava atento aos meus questionamentos.

Então, prossegui:

– Mata-se, porque, em algum momento, foram mortos por aqueles que estão matando. Fazem o mal, porque receberam o mal; judiam, porque foram judiados; abandonam, porque foram abandonados... e por aí vai. Quando será que esses ajustes terão um fim, Lucas? Será que, um dia, todos estaremos ajustados?

– Os ajustes terminam, quando terminam as falhas, Osmar. Quando o amor prepondera.

– Meu Deus... isso jamais vai terminar, porque falhamos o tempo todo, Lucas.

– Osmar, tudo tem começo, meio e fim. Todos os espíritos, criados simples e ignorantes, têm nas provas evolutivas as oportunidades de ajustes à perfeição.

– Sim, eu sei disso. Mas são séculos e séculos de maldades, de abandonos, de abortados, de separações e ajuntamentos. Será que todo esse tempo não foi suficiente para os espíritos se ajustarem definitivamente? Quanto tempo mais ainda precisaremos para conseguir nos livrar das mazelas da alma? Eu sei que o processo da reencarnação é o instrumento mais justo criado por Deus para que possamos nos melhorar em definitivo, mas estamos há séculos fazendo isso... eu gostaria de compreender melhor, entende? Acredito que essa seja a dúvida de muitos irmãos que estão nas searas espíritas trabalhando incansavelmente, e que também têm essa mesma sensação de que o resultado não acontece...

– Sim, entendo perfeitamente. Olha, vamos analisar o que disse Jesus sobre isso? Vamos fazer uma reflexão acerca das palavras do Mestre divino?

– Sim, vamos.

– Então, preste muita atenção.

– Sim, Lucas.

– Em Mateus, Jesus traz o seguinte ensinamento:

"Tudo aquilo, portanto, que quereis que os homens vos façam, fazei-o vós a eles, pois esta é a Lei e os Profetas."

Citarei outro ensinamento deixado por Jesus para vocês:

"Não faças a ninguém o que não queres que te façam."

Isso está em Tobias, que também foi um profeta. Isso ensina, Osmar, que não basta não fazer o mal, mas é necessário fazer o bem. Não se deve pagar o mal com o mal, e sim, pagar o mal fazendo o bem; e quando isso acontece, a maldade anula-se automaticamente.

– Não entendi, Lucas, você pode me explicar novamente?

– Osmar, o mal nunca será reparado com outro mal. Só fazendo o bem é que se consegue anular toda a maldade praticada. Uma ação só se torna reação, se a reação for de igual proporção à ação, entende?

– Estou entendendo.

– Se alguém fizer mal a você e você devolver esse mal com compreensão e amor, o mal será anulado, não restando, assim, o ajuste do mal praticado: "A prática do bem anula qualquer mal.".

– Ah, entendi! Quer dizer que, todo o mal que eu fizer, só será apagado, se eu fizer o bem.

– Exato. Ou anulando-o através do perdão e do amor sincero.

– Que sabedoria há nesse ensinamento, Lucas. Estou impressionado com a clareza dessa orientação. Confesso que estou surpreso e feliz de saber que o mal pode ser anulado com uma atitude contrária.

– Isso mesmo, Osmar, não há mal que não se curve diante da prática do bem ou do perdão sincero.

– Isso quer dizer também que não basta apenas nos arrependermos daquilo que fizemos de mal, não é, Lucas?

– Sim. Não basta apenas se arrepender; tens que praticar o bem para o reparo de todos os males que tenhas praticado em suas existências.

– É por isso que vemos tantos benfeitores trabalhando em diversos lugares da vida espiritual?

– Sim, espíritos renomados, espíritos que já atingiram a superioridade e continuam na tarefa do amor.

– Agora compreendo por que encontro tantos espíritos evoluídos nas mais variadas regiões da espiritualidade. Estou perplexo, Lucas.

– Não basta o arrependimento; é preciso a caridade, é necessário que o mal seja anulado para que ele não se prorrogue pelas encarnações prolongando, assim, as reencarnações.

– Isso serve para os encarnados também, Lucas?

– Claro que sim! Não basta ser um bom cristão. É necessário que toda a bondade se transforme em caridade e amor, seja ela qual for. É necessário que o verdadeiro cristão tenha a mente aberta para tudo o que é transmitido da vida espiritual.

– Podemos reparar as nossas falhas aqui mesmo, né, Lucas?

– Sim, aproveite as oportunidades diárias de transformação. Ampare, auxilie, compreenda, examine, ame, arrependa-se e, acima de tudo, seja justo e caridoso.

– Obrigado, Lucas!

– Deixe-me passar para você um ensinamento perfeito, Osmar.

– Sou todo ouvidos e lápis, é claro!

– Você crê no Diabo?

– Desde que o mundo é mundo, nós lidamos com o mal, portanto, acredito que ele exista sim. Sinceramente, não acredito na figura de um Diabo, porém tenho certeza de que o mal existe.

– Se você ou quem estiver lendo este livro, realmente acreditar na existência dele, então, faça como ele.

– Agir como o Diabo? Como assim, Lucas?

– O que o Diabo faz?

– Acho que faz o mal.

– Todos os dias ele faz o mal?

– Sim, a vida dele é dedicada a fazer o mal... aliás, sua existência é para fazer o mal.

– Então, todos os dias o Diabo acorda com o intuito de fazer o mal às pessoas, é isso?

-Sim, ele faz o mal diariamente; ele adora fazer isso.

– E ele não desiste, né, Osmar?

– Não, ele não desiste de sua tarefa.

– O Diabo é vencido quantas vezes por dia?

– Acredito que várias vezes... acho que nem tudo ele consegue.

– E, ainda assim, ele não desiste, não é mesmo?

– Lá vem você com mais um lindo ensinamento, Lucas...

– Sabes por que ele não desiste, Osmar?

– Não, Lucas.

– Porque ele tem certeza de que se ele insistir, uma hora você vai ceder, e é nessa hora que ele se torna o vencedor.

– Meu Deus, é verdade.

– Seja como o Diabo: nunca desista, nunca desanime, não se entregue nem se curve ante os pensamentos ruins, pois eles são a maior obra do Diabo. Todos os dias, o Diabo acorda com o objetivo de fazer o mal, mesmo sabendo que, no final do dia, ele será derrotado pelo bem; mesmo assim, ele acorda animado e cheio de coragem e disposição para realizar sua obra.

– Meu Deus!

– Faça como ele: não desista nunca dos seus sonhos e, principalmente, nunca desista de você! Evolua o quanto for possível através das experiências e das mensagens que lhe são apresentadas todos os dias.

– Obrigado, Lucas! Você é demais! Posso abusar e te fazer outra pergunta?

– Claro! Fique à vontade.

– Eu fico pensando nesses espíritos que trabalham conosco... Às vezes, me assusto com as atitudes desses mentores, guias, entidades, enfim... de todos os espíritos que trabalham nas casas espíritas, sejam elas quais forem.

– O que você deseja saber a respeito deles?

– Desculpe-me a pergunta, mas é que vejo guias, mentores, entidades etc., exigindo de seus médiuns, determinadas coisas pelas quais não consigo compreender. Algumas, absurdas.

– Seja mais objetivo, Osmar.

– Por exemplo: quando um guia pede para que eu faça determinado sacrifício, oferenda, obrigação, trabalho etc., eu me assusto com esses pedidos... não acho certo isso.

– Por que o susto?

– É que, se um espírito é meu mentor, meu guia, minha entidade... por que impor sacrifícios? Por que tenho de fazer coisas para agradá-los, se não me agrada? Aliás, há pedidos que considero abusivos e absurdos... como explicar isso?

– Se um guia, um mentor ou uma entidade que, através de sua mediunidade, usa dela para pedir sacrifícios, oferendas, trabalhos ou o que for, para impor suas vontades, então esse espírito deixa de ser um guia, um mentor ou uma entidade e passa, automaticamente, a ser seu obsessor. E, infelizmente, há muitos espíritos se passando por aquilo que não são, e a culpa, nesses casos, é sempre do médium que não se dedica, não estuda e não se impõe diante de pedidos absurdos.

Nós não temos o direito de pedir nada a vocês, pois já temos do que necessitamos para o exercício da caridade e do amor. Temos a mediunidade oferecida de forma humilde, e não nos cabe exigir nada dos médiuns, exceto comportamentos e atitudes morais condizentes com o que fazem, com o que pregamos, com nosso comportamento e com o que somos em essência. Do contrário, passamos para o lado oposto à caridade.

– Então, por que isso acontece em milhares de casas espíritas?

– Porque o animismo, infelizmente, está se sobrepondo aos espíritos comunicantes; se sobrepondo à mediunidade. A falta de compreensão, de fé e de amor à mediunidade e aos seus semelhantes, geralmente leva os médiuns a labirintos escusos, os quais chamamos de charlatanismo.

– Então, é o médium que faz e permite tudo isso?

– Sim. Nós não precisamos dessas coisas, pois já estivemos na matéria e dela entendemos bastante. Há, no plano físico, o fluido cósmico universal e o ectoplasma, ambos em abundância, e nós os dominamos perfeitamente. Os espíritos se utilizam deles quando é necessário. Lembre-se de que trabalhamos através do uso desses fluidos e de outros mecanismos, pois estamos temporariamente exercendo o trabalho caridoso em um plano espiritual que não nos pertence mais, portanto, somos "intrusos" em sua dimensão espiritual. Por isso, não precisamos das coisas materiais, e sim de fluidos, de amor e, principalmente, de disciplina por parte de todos os envolvidos.

Há casos em que orientamos os nossos médiuns a fazer certos procedimentos em nosso auxílio, como um banho de limpeza através do uso de ervas, pois, muitas vezes, os corpos espirituais do médium não nos permite atuar de forma plena; uma oração; uma prece feita com amor, que funciona perfeitamente. Muitas vezes, nossas orientações são no sentido de alinhar as energias e os chacras do médium para que a comunicação e o trabalho requerido se tornem ainda melhor.

Em algumas denominações espíritas, há rituais de limpeza dos ambientes antes dos trabalhos mediúnicos que realmente são necessários, devido à vibração negativa dos espíritos comunicantes, como das entidades que trabalham nas regiões sombrias e carregam consigo energias ruins que podem contaminar o ambiente em que chegam; mas, no geral, não precisamos de rituais.

Osmar, a partir do momento que é exigido de vocês sacrifícios em nosso nome, é também o momento que deixamos de ser mentores, guias e entidades do bem, passando a nos tornar obsessores, como já disse. E é muito importante que isso fique claro para todos.

"A mediunidade é um exercício de amor em ambos os lados."

Não temos o direito de exigir nada de vocês, exceto comportamento adequado, amor, disciplina, moral ilibada e estudo. Para que o médium consiga compreender o que somos, de forma harmônica, atuamos para o bem do próximo. Não consigo me aproximar de um médium que não esteja em harmonia comigo; digo isso, porque é necessário que o aparelho receptor (médium) esteja em conformidade com as energias que conquistei através da minha evolução espiritual. O meu corpo espiritual é muito superior à região em que vocês se encontram, e, por esse motivo, muita coisa precisa estar ajustada para uma perfeita comunicação.

Lembrando que, quanto mais elevado o espírito, mais sutil suas energias e seus corpos espirituais, como temos ensinado em diversas psicografias. Daí a importância de o espírita não ficar preso a cinco livros: "O Espiritismo não se resume a cinco livros.".

Eu não posso ficar feliz, se o médium que utilizo para as comunicações também não estiver feliz. Eu não tenho o direito de exigir de você, por exemplo, uma ida à casa espírita, se você não estiver bem para doar-se à caridade. Não posso exigir que você faça culto àquilo que não te deixa feliz ou que você não acredite.

"Toda imposição é retrógrada e imoral."

A maioria das ritualísticas, sejam elas quais forem, são necessárias somente a vocês, médiuns, e àqueles que as veem. Nós não precisamos de rituais para nos comunicar; para isso, bastam prece, permissão e harmonia para que a conexão conosco se estabeleça.

Sei que estou sendo repetitivo em minhas palavras, mas faço isso para deixar bem claro para vocês quem somos, do que precisamos e por que estamos aqui, isto é, qual é a verdadeira missão dos espíritos. São vocês que necessitam de rituais, sejam eles quais forem, para crer que de fato estamos presentes. Para nos conectarmos a vocês basta o desejo, a fé e o amor; somente essas três coisas são necessárias para um bom trabalho com a mediunidade.

– Agora é que me dei conta de que, quando você precisa de mim, eu nem percebo... você se aproxima e me convida para escrever. Sou sempre surpreendido com a presença de vocês.

– É exatamente assim que as coisas acontecem: eu me aproximo de você, e você percebe a minha presença através da sua mediunidade de vidência e sensibilidade, e, dessa forma, a comunicação se estabelece, desde que você permita, é claro.

– Que essas linhas atinjam muitas pessoas, Lucas, para que elas compreendam o incompreensível.

– Osmar, deixa eu te dizer mais uma coisa.

– Diga, Lucas.

– O nosso trabalho é o de auxiliar a humanidade a evoluir, o de curar alguns doentes, sejam das doenças do espírito ou da mente; doenças psicossomáticas ou obsessivas; não estamos entre vocês, senão por esses motivos.

Os espíritos deixam para trás as colônias, as cidades espirituais e os umbrais, com a intenção de auxiliar vocês a evoluírem, principalmente, ao explicar aquilo que vocês vão ver ao saírem do corpo físico, essa é a grande missão dos espíritos.

Acontece que vocês são tão imaturos, que ainda precisam ver para crer, sentir para acreditar. Os rituais existem desde a primeira encarnação. Alguns, necessários para harmonizar as energias do local; outros, para invocação interior da fé necessária à conexão entre encarnados e desencarnados.

Há, ainda, rituais de agradecimentos, que são muito importantes para que a fé se mantenha; há aqueles que, através da alquimia energética das plantas e mantras, conseguem verdadeiros milagres na cura do corpo físico e espiritual. Existem pessoas que só conseguem se conectar conosco através dos rituais; respeitemos quem precisa deles para estar entre nós.

Portanto, eu não tenho o direito de afirmar que os rituais não funcionam, mas tenho o dever de alertar sobre os excessos, pois todo excesso causa dor. E, no geral, o que importa para a nossa interação é o que você tem por dentro, e o que eu carrego por fora.

– Sem palavras para te agradecer, Lucas.

– Osmar, eu posso te fazer um convite?

– Sim, claro que sim!

– Vou te contar sobre a vida de Henrique. Nela, aprenderemos muita coisa, pode ser?

– Mais um livro?

– Sim, mais um livro.

– Nossa, Lucas, obrigado por mais essa oportunidade.

– Vamos escrever?

– Sim, vamos!

– Podemos começar agora?

– Sim.

– Então, vamos escrever o livro Bem-vindo ao Umbral!

– Nossa, que título forte, Lucas.

– Forte não é o livro ou o título; forte será o ensinamento que eu vou passar para vocês nesta obra.

– Obrigado, Lucas!

– Osmar, escreva!

– Eu já ouvi isso antes... vocês sempre me dizem isso.

– Então, escreva. Nós precisamos de você.

– Eu só tenho a agradecer pelas oportunidades que tenho ao escrever histórias tão transformadoras.

– Vamos em frente?

– Vamos, Lucas.

Sempre que o Lucas me procura, tenho a oportunidade de aprender muito com ele.

Lucas é um espírito muito evoluído, e temos o prazer de presenteá-los com tantos ensinamentos.

Sejam bem-vindos ao livro Bem-vindo ao Umbral!

Osmar Barbosa

> *"Todo mal praticado, será reparado."*
>
> *Lucas*

O desdobramento

Após aquele dia, Lucas me procurou novamente para começarmos a escrever este livro.

Era manhã de segunda-feira. Em desdobramento, eu o segui; mas, antes, vou explicar para vocês um pouco mais sobre o desdobramento, pois acho muito importante que vocês compreendam o que é, de fato, o desdobramento.

Como vocês sabem, meus leitores e amigos, todos os livros que escrevo, faço-os em desdobramento. Portanto, para você que chegou aqui pela primeira vez, vale a pena explicar um pouco mais sobre esse tipo de fenômeno, pois é dessa forma que me conecto com os meus mentores e psicografo todas as obras já publicadas – e outras que ainda chegarão até vocês.

Em termos espíritas, o desdobramento é uma faculdade anímica em que o espírito encarnado se desliga parcialmente do seu corpo físico e viaja até os planos espirituais. Esse processo pode ocorrer com ou sem transe. É uma capacidade intrínseca ao ser humano, que, ao longo da evolução da espécie, desenvolveu a possibilidade de se desembaraçar do corpo material, dentro de certos limites, adquirindo alguma sensação de liberdade.

A faculdade de desdobramento é muito utilizada nas reuniões mediúnicas modernas. Através da concentração dos pensamentos, o sensitivo entra em uma espécie de transe, que possibilita esse desprendimento parcial do espírito, e se coloca em condições de exercer tarefas de auxílio, geralmente orientado pelos Espíritos Instrutores.

Dessa forma, muitas vezes ele é colocado em contato com espíritos sofredores, os quais necessitam de uma palavra amiga e consoladora, ou mesmo de um tratamento através das energias do sensitivo. Essas suas energias têm uma densidade adequada a esse tipo de atendimento pela sua condição de encarnado, assim como para escrever livros e mensagens de amigos do plano maior.

Apesar de muitos se referirem ao desdobramento como mediunidade, ele é um fenômeno anímico. Para usar o linguajar de Allan Kardec: é um fenômeno de emancipação da alma. A mediunidade consiste numa intermediação entre os espíritos desencarnados e o mundo material. Desdobrar-se, grosso modo, significa “sair do corpo”. Esse simples fato não o torna médium se você não se constitui em transmissor de qualquer informação enviada do plano espiritual para o ambiente terreno.

Pode ser considerado uma espécie de mediunidade quando o sensitivo, durante o desprendimento, mantém um contato com a Espiritualidade, recebendo de lá comunicações que devem ser enviadas aos encarnados – que é o meu caso. O desdobramento não ocorre apenas nas reuniões mediúnicas. É fenômeno corriqueiro e acontece com as pessoas, em geral, todas as vezes que dormimos.

Ele é o preâmbulo do sono. Quando o corpo adormece para o necessário repouso, o espírito desligado parcialmente dele, vai a diversos lugares para realizar as atividades que estejam em afinidade com as suas motivações íntimas. Para que ele entre no estado de sono, antes, precisa desdobrar-se, ou seja, afastar-se vibratoriamente do corpo biológico.

A mediunidade – seja na modalidade de psicofonia, psicografia, audiência, vidência, desenho ou pintura etc. – também exige um desdobramento.

Em seu organismo, o médium tem a facilidade de, ao entrar em estado de transe, desvencilhar-se do seu corpo em maior ou menor grau, conforme as características da sua faculdade mediúnica. Isso ocorre a fim de dar, ao espírito comunicante, a oportunidade de se assenhorear, o que é feito por meio de uma expansão dada ao seu períspirito dos implementos perispirituais e, na sequência, cerebrais do médium.

O sonambulismo, bem como a dupla vista, a letargia, a catalepsia e o êxtase, são classificados por Allan Kardec como fenômenos de emancipação da alma, tendo o desdobramento como condição para acontecerem. Às vezes, como na dupla vista, esse deslocamento do espírito (sempre com o perispírito) é imperceptível, mas suficiente para fazê-lo enxergar além da realidade física presente.

Há outras situações em que o desdobramento ocorre: no coma, durante o uso de algumas drogas alucinógenas, em certos estados psíquicos classificados como catatonia, e outros em que há um alheamento em relação ao meio externo.

Deus, na sua sabedoria e bondade, concedeu, ao homem, a capacidade de vez ou outra, retemperar-se no mundo espiritual através da faculdade do desdobramento. Assim, ele recobra parte das suas faculdades de espírito, como se estivesse descansando da rudeza da vida na matéria e absorvendo as energias mais sutis, necessárias ao seu refazimento para continuar o aprendizado aqui na Terra.

Vivendo no ambiente terreno em meio às dificuldades e aos desafios diários, imerso na atmosfera densa da matéria, o homem pode se aliviar dessas lutas desacoplando-se temporariamente do organismo físico. Com isso, ele retorna ao mundo espiritual, e tem contato com espíritos esclarecidos que o orientam, direcionando-se melhor no caminho do progresso.

Eu sou eternamente grato por ter essa condição e, através dela, conseguir repassar a vocês as informações que constam nas obras psicografadas. Confesso que, por vezes, me sinto realmente como um lápis nas mãos dos espíritos, além de ser muito gratificante receber, diariamente, as mensagens de gratidão que recebo de vocês por ser o mensageiro que instrui e esclarece a tantas pessoas o que de fato acontece conosco na vida após a vida.

Nesta obra, tive momentos muito difíceis, pois os lugares que visitei são de muito sofrimento, e ver o sofrimento alheio não é algo que me deixa feliz. Devemos sempre dedicar a nossa mediunidade ou os nossos dons, que são oferecidos a nós pelos mestres de luz, como forma de sermos úteis à sociedade em geral e, dessa forma, cumprir com os propósitos encarnatórios.

Acredito, sinceramente, que tudo o que eu passo na vida tem objetivos evolutivos. O fato de ser médium não me exime de passar por situações, às vezes, revoltantes, mas são as experiências de encarnado que me possibilitam evoluir.

Como o Lucas me disse nesta psicografia: "tudo o que te acontece, tem um propósito", aproveite cada situação para extrair dela a experiência necessária para se tornar um espírito melhor.

Chegamos a uma linda casa, onde havia um casal discutindo. Lucas me pediu para prestar bastante atenção e começar a escrever.

Assim, começamos mais uma psicografia...

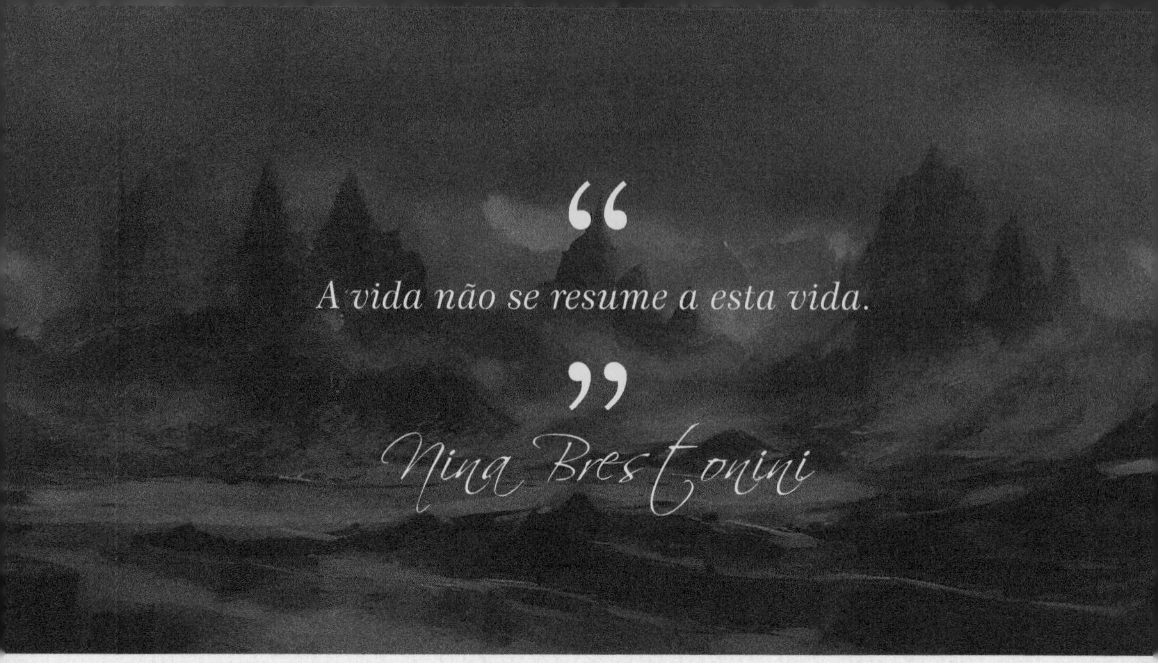

Henrique

Dias atuais.

Eu estava ao lado de Lucas, em desdobramento, quando chegamos a uma linda casa muito bem decorada e bastante espaçosa.

Havia, nela, um casal discutindo.

Imediatamente, comecei a escrever sobre tudo o que eu via naquele lindo ambiente, embora, um tanto confuso, pois conseguia ver como o nosso corpo espiritual se transforma quando estamos discutindo ou com ódio de alguém.

– Você não tem jeito mesmo, Henrique, comprou de novo um revólver de brinquedo para o menino?!

– Se Deus quiser, meu filho vai ser militar... o sonho que eu não consegui realizar. Tenho muita fé de que ele me dará esse orgulho.

– Você sabe que, embora precisemos do seu dinheiro, não gosto do que você faz. Poderíamos viver muito bem com a renda que papai me deixou. Armas não me fazem feliz, e não me fale em fé, pois isso é uma coisa que, sinceramente, eu não vejo em você.

– Foi assim que você me conheceu, e é assim que levo minha vida, amor. Os aluguéis até ajudam, mas tenho outros sonhos, outros projetos. Quanto àquilo que acredito, você sabe muito bem no que eu acredito.

– Mas nem tudo o que você faz é correto. Fico muito triste quando vejo o noticiário, porque embora eles não saibam, eu sei que você está envolvido nesses crimes, em chacinas e assassinatos. Seu nome não aparece, mas sei que tem um pouco de você nesses acontecimentos. Aliás, não só de você, como também de seus amigos. Isso me deixa preocupada e muito triste. Não era esse o meu sonho de casamento.

– Bobagens, mulher! Alguém precisa fazer o serviço sujo. Deus sabe que eu faço isso por Sua vontade, e muita gente me agradece, se queres saber... a sociedade precisa de homens como eu.

– Não diga tolices, Henrique! Não use o nome de Deus para justificar as coisas absurdas que você faz... essas pessoas que te agradecem não conhecem as Leis Divinas. São pessoas que sequer sabem que é o amor que liberta e salva as pessoas.

– Lá vem você com esse assunto de novo. Você sabe que eu faço o que a minha consciência permite.

– Não é questão de "assunto"; são as mortes que envolvem o seu nome o que me assusta. E, um dia, você vai precisar de Deus, e, nessa hora, você vai se lembrar de que eu sempre te alertei para as consequências de uma vida como a sua, das coisas que você faz.

– Elas fazem parte do meu trabalho, afinal, é melhor me manter vivo, do que você estar me enterrando amanhã... e confesso que não estou nem aí para o que as pessoas pensam ou acham de mim. Faço por dinheiro e para realizar meus sonhos.

– Será que todos esses marginais que você mata são mesmo bandidos? Você nunca matou um inocente? Sua consciência não fica pesada ao ver seu nome envolvido em mortes?

– Querida, saiba de uma coisa: eu não mato quem não merece morrer. Aliás, eu não mato quem não é permitido por Deus.

– Cruz-credo! Que pensamento é esse, Henrique? Que coisa absurda.

– É assim a minha vida; não mato quem não merece morrer, meu amor.

– Você tem certeza disso? Você conhece as suas vítimas?

– Sim, tenho certeza. Pois saiba que, toda vez que eu saio à caça de alguém, antes, eu peço a Deus que, se for para eu matar, que eu o ache, mas, se eu não achar, eu não mato... simples assim. É Deus quem diz quem vai morrer.

– Que horror! Você ainda diz "simples assim". Deus jamais autorizaria você a matar alguém. Que pensamento mais absurdo.

– Horror para uns, felicidade para outros. O meu trabalho é proteger a sociedade e dar um futuro melhor para as crianças. Se você acredita em Deus, então fala pra Ele que estou "limpando" a cidade para o bem de todos.

– Proteger crianças? Como assim? Você está cada dia mais lunático com essas coisas. Você precisa ser internado em um sanatório... você precisa da ajuda de um psiquiatra, isso sim.

– Se não houver homens como eu, Sandra, que fazem a limpeza, despachando para o inferno aqueles que não prestam, vocês não teriam sossego. A sociedade deveria me agradecer pelo meu trabalho, querida... isso sim.

– Quem, em sã consciência, fica feliz com a morte de alguém, Henrique? Você está no limite da insensatez, pode ter certeza disso.

– As vítimas, meu amor, as vítimas desses infelizes. Elas serão sempre gratas a mim pelo que eu faço.

– Bem, eu vou continuar orando por você, Henrique, e te peço, encarecidamente, que deixe o Luiz Henrique fora dessa sua vida absurda. Não vou deixar sequer que o meu filho saiba o que você faz... e trate de terminar logo esses seus projetos, porque o nosso filho está crescendo e, daqui a pouco, ele já vai entender tudo o que você faz.

– Por favor, me deixa em paz! Tudo o que tenho, eu consegui através do suor do meu trabalho. Você é incapaz de reclamar das mordomias que tem.

– Que mordomias, Henrique?

– Olha essa casa em que moramos... por acaso, foi o seu pai quem te deu? Veja os nossos carros na garagem, as viagens, a casa na praia... eu comprei todas essas coisas com o esforço do meu trabalho.

– Eu sei que trabalho é esse... eu sei muito bem de onde você tirou todo esse dinheiro para comprar tudo o que temos.

– Então, pare de reclamar e cuide do nosso filho. Ele é o meu tesouro, e eu vou deixar tudo de bom para ele. Se eu fosse contar com os míseros aluguéis que o seu pai deixou, estaríamos em situação muito precária, para não dizer o pior.

– É dinheiro honesto, Henrique.

– Sandra, por favor, não vamos começar a discutir novamente. Tudo o que faço, é para o bem-estar de vocês, pode ter certeza disso.

– Mas eu fico muito triste com a forma pela qual você traz esse maldito dinheiro para dentro da minha casa. Isso tudo é maldito, Henrique.

Henrique se aproximou de Sandra e a abraçou.

– Confie em mim... eu só quero o melhor para vocês. Agora, pare de reclamar e prepare o meu jantar, pois estou cansado e ainda tenho que sair.

– Você vai sair hoje ainda?

– Sim, tenho uma questão para resolver. O trabalho me chama.

– Não é com o José Carlos, não, né?

– Ele vai passar aqui às dez horas para me pegar. Pare de reclamar e coloque a minha comida... estou com fome.

Cabisbaixa, Sandra se dirigiu até a cozinha para terminar o jantar que já havia começado a fazer. Ela se manteve calada e triste. Seus pensamentos estavam confusos. Ela sabia que Henrique iria sair para matar alguém naquela noite.

A tristeza era parte da vida de Sandra, que sonhava com o dia em que Henrique deixasse aquela vida. Triste, ela já não falava mais nada. Calada, foi terminar sua tarefa noturna.

Henrique, após alguns minutos, sentou-se à mesa da cozinha para aguardar a refeição.

O menino, Luiz Henrique, estava em seu quarto fazendo a lição de casa.

A comida estava fresca, como Henrique sempre gostava.

Ele jantou e, após a sobremesa, sentou-se na confortável varanda da luxuosa residência para fumar um cigarro.

Solitário, ele permaneceu ali por algum tempo, até que foi interrompido pelo filho.

– Oi, pai!

– Oi, filho! Vem cá, deixa eu te dar um abraço.

Henrique abraçou o menino carinhosamente.

Sandra se aproximou e ficou a observar o carinho de Henrique com o seu filho.

– Já fez a lição da escola?

– Sim, papai, já terminei.

– Já jantou?

– Não, estou esperando a mamãe me chamar.

Henrique virou-se para Sandra e a questionou sobre o jantar do menino.

– Sandra, já está ficando tarde... é melhor dar logo a comida do Luizinho.

– Estou sem fome, papai, não se preocupe.

– Mas tem que jantar, menino – advertiu Henrique.

– Eu sei... já vou jantar.

– O que está acontecendo com você, Luiz?

– É que eu quero te pedir uma coisa.

– Peça.

– Pai, tem um jogo novo que eu gostaria de ganhar.

Sandra observava tudo calada.

– Que jogo?

– É um jogo de guerra que acabaram de lançar. É do meu *videogame*.

– E como estão as notas na escola?

– Só tiro nove, pai.

– É verdade isso, Sandra?

Com o olhar atravessado, Sandra respondeu para Henrique.

– Ele é o melhor aluno da escola.

– Se é o melhor aluno, vai ganhar o jogo – disse o pai.

– Eu não concordo com esse jogo – afirmou Sandra.

– Por quê, mãe?

– É muito violento, Luiz Henrique.

Henrique sorriu.

– Posso saber do que o senhor está rindo, senhor Henrique? – perguntou Sandra.

– Jogo violento, Sandra? Me poupe! Violenta é a vida.

– Mas o menino não precisa saber disso... ele só tem 11 anos.

– Já é um rapazinho – disse Henrique abraçando o filho.

– É, mamãe, eu já sou um rapaz.

– Quem vai comprar? Porque eu não vou partilhar disso.

– Deixa disso, mamãe... é só um jogo – insistia o menino.

– Viu? É só um jogo, Sandra. Deixe de bobagens.

– Olha, filho, vou deixar o meu cartão de crédito com a sua mãe para ela comprar o jogo amanhã mesmo, tá bom?

Luiz Henrique abraçou o pai com ternura.

– Obrigado, papai!

– De nada, filho. Continue com boas notas na escola, pois, assim, sempre que você quiser alguma coisa, é só me pedir.

– Obrigado, pai! – disse Luiz se aproximando de Sandra.

– Você sabe qual é a minha opinião sobre isso, não é, Henrique?

– Sei sim, Sandra.

– Mãe, vamos jantar? – perguntou o menino.

– Vamos – disse Sandra puxando o menino pelo braço.

Henrique sorriu e continuou a fumar seu cigarro.

Após algum tempo, ele se dirigiu ao armário de seu quarto e pegou algumas armas da sua vasta coleção.

Novamente, foi até a varanda e iniciou uma limpeza nas armas; conferiu as munições e, com uma flanela amarela, poliu uma a uma.

Após dar o jantar a Luiz Henrique e colocar o menino em seu quarto, Sandra foi até a varanda para conversar outra vez com o marido. Ela estava muito preocupada. Algo dentro dela dizia que ele não devia fazer o que ela pensava que ele iria fazer aquela noite.

Sem falar nada, ela se aproximou e sentou-se em uma cadeira próxima à mesa na qual Henrique expunha suas armas. Ele permaneceu fazendo a limpeza sem se importar com a presença da esposa.

Após alguns minutos, ela quebrou o silêncio e resolveu conversar.

– Henrique, tenho um assunto muito sério para conversar com você.

– Outro...? Estou brincando. Diga, amor.

– Que horas o seu amigo vai chegar?

– Às dez, como já te disse.

– Bom, ainda são nove horas, e o assunto que tenho para tratar com você não é muito longo, então acho que dá tempo.

– O que houve, amor?

Após uma pequena pausa, Sandra olhou para Henrique e disse:

– Acho que estou grávida.

– Grávida?

– Sim, acho que estou grávida.

– Mas nós não combinamos outro filho.

– Eu sei... se você quiser, eu tiro.

– Tirar? Como assim? Está louca?!

– Não. Não estou louca... simplesmente, não quero outro filho para participar de tudo isso que o Luiz e eu vivemos aqui com você.

– Tudo isso, o quê, Sandra? Por favor, não me venha com essa conversa de novo...

– Já estou cansada de falar sobre o que eu acho da sua vida, mas ela é sua, e nada do que falei até hoje te fez mudar. Por isso, tenho receio de ter outro filho.

– Sandra, nós já estamos casados há 15 anos. Durante esse tempo, você sempre soube o que eu fiz. Não será a chegada de mais um filho que mudará a minha maneira de ganhar dinheiro. Confesso que quando eu saio para o serviço, fico muito preocupado com o que pode acontecer comigo. Não é fácil fazer o que eu faço, mas é necessário que alguém faça.

– Isso é o que mais me deixa preocupada, tanto com o meu futuro quanto com o futuro de nossos filhos. Já estou cansada de conversar com você sobre isso.

– Meu amor, se alguma coisa acontecer comigo, você vai entrar no dinheiro. Eu fiz um seguro de vida muito bom. Esse dinheiro garantirá a você e aos nossos filhos uma vida tranquila.

– Não é sobre dinheiro, Henrique. Não é isso. É sobre você... é a sua falta o que me preocupa. Imagina criar duas crianças sem o pai? Imagina viver sem você?

– Sandra, eu compreendo você e agradeço muito a sua preocupação, mas o que eu ganho com esse trabalho é o que nos deu e ainda nos dá tudo o que temos, e eu já falei sobre isso. Não vou mudar meu destino, pois tenho um nome a zelar.

– Nome a zelar? Me poupe... agora o nome é mais importante que a sua família?

– Durante todos esses anos, eu construí um nome nessa cidade e não vou mudar nada, pelo menos, por enquanto. Assim que eu conseguir terminar a obra das casas que estamos construindo, prometo a você que vou parar um pouco... diminuir a marcha, entende?

– Lá vem você com essa história das casas.

– Meu amor, uma obra daquele tamanho não custa pouco, e serão os aluguéis das casas que nos darão tranquilidade para que eu possa parar de fazer o que faço. Eu penso em me aposentar e deixar essa vida de lado, mas, por ora, preciso desse trabalho.

– Por mim, viveria muito bem com os aluguéis que temos atualmente... prefiro viver com menos, casada, a ter mais dinheiro, viúva.

– Você não vai ficar viúva, fique tranquila.

– Meu Deus, quando é que você vai parar com isso, Henrique?

– Quando terminar as obras.

– Você promete?

– Prometo.

– E o que eu faço com essa criança?

– Que criança?

– Essa que eu acho que está na minha barriga.

– Vamos amá-la ao máximo. Tomara que seja outro menino.

– Você não tem jeito, Henrique.

– O que houve agora?

– Você só pensa em você e em mais ninguém.

– Que tolice, Sandra. Que venha com muita saúde, então. Pode ser menino ou menina, eu vou amar do mesmo jeito.

– Amanhã irei ao médico para fazer alguns exames. Mas tenho certeza de que estou grávida.

– Que felicidade, meu amor!

– Você está feliz?

– Muito, pode ter certeza de que estou muito feliz.

– Estou vendo a sua felicidade.

Henrique retirou a escopeta que estava em seu colo e convidou Sandra para se sentar.

– Vem cá, sente-se aqui no meu colo, deixa eu te dar um beijo.

Sandra se levantou e se sentou no colo do marido, que a abraçou carinhosamente, lhe beijou a boca e acariciou a barriga, ainda pequena, de Sandra.

Emocionada, ela retribuiu os carinhos de Henrique.

Por alguns minutos, eles ficaram ali sentados como namorados eternos. Afinal, aquela não era a primeira discussão sobre as escolhas de Henrique.

Às dez em ponto, José Carlos parou seu carro em frente à luxuosa residência e buzinou à espera de Henrique.

Sandra já estava em seu quarto e, da janela, observou o marido sair com várias armas ao encontro de José Carlos.

Seu coração apertou, então ela resolveu fazer uma oração pedindo a Deus pelo seu marido.

Ela sabia que ele iria fazer algum trabalho sujo. E toda vez que Henrique saía para esse tipo de trabalho, Sandra não dormia enquanto ele não chegasse em casa novamente.

Naquele momento, eu pude ver uma legião de espíritos malignos que acompanhava Henrique e seu amigo na tarefa noturna.

Olhei para Lucas, na esperança que ele me dissesse alguma coisa, mas ele permaneceu calado e sereno.

Como sempre, eu aprendi que esperar é sempre a escolha mais acertada quando estou escrevendo em desdobramento.

Fiquei muito impressionado com aquela família. Como assim, um assassino? Como relatar para os meus leitores uma história que, a princípio, me parece tão sórdida?

Sempre confiei e confio na espiritualidade que me acompanha. Sei que as psicografias têm o objetivo de nos esclarecer sobre o que acontece conosco após o desencarne.

Esse tipo de mensagem trazida pelos espíritos se faz necessária, principalmente, para nos alertar sobre as consequências das nossas decisões, da nossa avareza e do valor que damos às coisas erradas.

Por isso, em nenhum momento, questiono os espíritos, pois sei que, no final do livro, serei surpreendido.

Calei-me e segui ao lado de Lucas anotando tudo o que ele me permitia ver e ouvir.

> *Colhe-se na vida espiritual os frutos da semeadura terrena.*
>
> Daniel

Lelei

Um jovem muito querido pela comunidade em que vive, Wanderley estava sentado na calçada, em frente a uma birosca conversando com alguns amigos.

– E aí, Lelei, como estão as coisas? – perguntou Hugo.

– Estou trabalhando bastante, amigo... correndo atrás dos meus sonhos.

– Conseguiu comprar a moto, hein! Estou vendo que todo o seu esforço tem valido a pena.

– Nem sei quando vou terminar de pagar, pois foram muitas parcelas, mas, se as coisas continuarem como estão, vou conseguir pagar minha moto rapidinho. E, se quer saber, tenho muitos planos para o meu futuro, meu amigo.

– Deus vai te ajudar, Lelei... você é um cara legal! – disse Antônio, outro rapaz que estava muito próximo deles.

– Amanhã, eu começo a entregar as marmitas da dona Estela e, com isso, passarei a ganhar um pouco mais... assim, tenho certeza de que vou conseguir pagar minha moto bem rapidinho e ajudar ainda mais a minha família.

– Poxa, que legal! – disse Hugo.

– Vai dar certo, irmão, eu vou conseguir tudo o que sempre sonhei. Vou conseguir ajudar minha mãe e minha irmã e, um dia, vamos sair deste lugar – afirmou Lelei.

– Deus vai te ajudar, irmão, confie e trabalhe, pois vai dar tudo certo. Você merece tudo o que está conquistando.

– Sem Ele, jamais conseguiria alcançar o que tenho. Ontem mesmo, comprei um capacete novo, e agora estou juntando dinheiro para comprar uma jaqueta de couro. Daquelas bem maneiras. Couro original, você vai ver.

– É isso aí, irmão... bola pra frente.

Naquela noite quente de verão, a pequena rua da comunidade onde Lelei vivia, estava cheia de crianças se divertindo e de jovens que, descontraidamente, conversavam sobre a vida. Pessoas passavam e cumprimentavam o tão querido menino de apenas 18 anos de idade.

– Lelei! – chamou uma linda jovem se aproximando.

– Oi!

– Minha mãe está te chamando.

– Diz pra ela que eu já vou.

– Ela disse que é pra você ir lá agora.

– Deixa de ser chata, Carol, eu já vou.

– Só estou dando o recado da mamãe. Você sempre faz isso.

– Isso, o quê?

– Não obedece a mamãe.

– Deixa de bobagem, Carol, sempre que a mãe me chama, eu corro para saber o que ela quer.

– Não é bobagem... é a nossa mãe que está te chamando agora.

– Já vou... diz pra ela que eu estou indo.

– Vai lá, cara... a sua mãe está te chamando, pode ser alguma coisa urgente – disse o amigo, Hugo, ao seu lado.

– Vou até a minha casa e já volto. Esperem por mim, eu volto já.

– Vai lá, irmão.

Lelei então se levantou e caminhou até a sua casa, muito humilde, e, após alguns minutos, finalmente atendeu ao chamado de sua amada mãe.

– Mãe? – chamou já entrando na casa de apenas quatro cômodos.

– Oi, filho.

– A senhora mandou me chamar?

– Sim. Vem cá, preciso conversar uma coisa com você – disse Helena se sentando à pequena mesa de apenas quatro lugares na sala.

– O que houve, mãe?

– Senta aqui, filho – disse mostrando a Lelei um lugar ao seu lado.

Obedecendo à mãe, ele se sentou.

– Filho, agora que você conseguiu comprar sua moto, eu quero te pedir uma coisa.

– Diz, mãe.

– Cuidado com a rua, cuidado com o trânsito, e com as companhias que você vai andar por aí. Você sabe dos perigos que uma moto pode trazer, não sabe? Você tem que ter muito cuidado com quem você vai carregar na sua garupa.

– Ah, mãe... não me venha com essa conversa novamente. Você sabe que eu não me misturo com o pessoal da pesada.

– Eu sei, filho... eu confio muito em você. Mas é que desde que você comprou essa moto, eu sinto uma coisa ruim aqui dentro de mim – disse Helena esfregando a mão direita sobre o peito.

– Mãe, não fique assim. Prometo que vou tomar muito cuidado. Eu conheço todo mundo aqui nessa comunidade, e todos gostam de mim. Sei muito bem com quem devo andar e quem devo evitar, por isso, não se preocupe... você já tem preocupações demais. O que você está sentindo?

– É uma angústia que não tem me deixado dormir. Sinto que algo de muito ruim vai acontecer com você. Os meninos são muito invejosos e logo vão te cercar pedindo para você levar coisas para eles.

– Mãe, eles sabem que eu sou do bem e que jamais me meteria em encrenca. Não fique preocupada comigo, eu sei me cuidar.

– Ouça a sua mãe, meu filho... eu só quero o melhor para você.

– Estou ouvindo, mãe, estou ouvindo. E volto a dizer: não se preocupe comigo, eu sei me cuidar.

– Você é um menino tão bom, tão querido por todos aqui no bairro... não sei o que seria da minha vida sem você, meu filho.

– Mãe, não vai acontecer nada comigo, fique tranquila e deixe de bobagens. Não pense em coisas ruins, você já tem preocupações demais.

– Meu filho, desde que seu pai se foi, nós temos lutado muito para nos manter. Sua irmã trabalha muito para ajudar nas despesas e pagar a faculdade dela. Eu faço tudo o que posso pela felicidade de vocês. Você não quis estudar, e eu respeito a sua decisão, mas jamais ficaria feliz em ver seu nome estampado em algum jornal ou em programas de televisão.

– Mãe, eu não vou fazer nada de errado, confie em mim. Preciso trabalhar para pagar a moto e continuar ajudando nas despesas de casa. A senhora nunca vai precisar trabalhar. Prometo que vou vencer na vida e, um dia, comprarei uma linda casa para a senhora e, assim, poderemos viver em um lugar mais tranquilo e sem tanta violência, fora daqui.

– Esse é o meu sonho, meu filho.

– E eu vou realizá-lo... pode ter certeza disso. Agora, tire essa angústia de dentro da senhora. Não se preocupe comigo; eu sei com quem devo andar, os lugares que posso passar e, principalmente, as companhias que devem estar ao meu lado. Jamais vou me meter com coisa errada, fique sossegada.

– Promete pra mim que você não vai se meter com nada de errado?

– Prometo, mãe, eu prometo. Agora, vai fazer suas coisas e não se preocupe comigo.

Helena se levantou e foi até o fogão para preparar o jantar do menino.

– Vou preparar seu jantar. Quer comer agora?

– Sim, mãe, estou morrendo de fome.

– Nunca diga essa palavra aqui em casa.

– Que palavra?

– Essa que você disse aí.

– "Estou morrendo"?

– Wanderley...

– Estou brincando, mãe, pode deixar, pois nada de ruim vai acontecer comigo, viu?

Helena preparou o prato de comida do filho e lhe entregou.

Ela se sentou ao lado dele e, após pegar um copo com limonada, ficou conversando com Lelei, enquanto ele comia.

– A comida está boa?

– Muito gostosa, mãe! Aliás, como sempre.

– Eu fiz o que você gosta.

– Estou vendo.

– Filho, por que você não faz como a sua irmã?

– Fazer o quê, mãe?

– Estudar.

– Mãe, eu já lhe falei mil vezes que eu não quero estudar... eu acho que posso ganhar a vida de outra forma. Não gosto de escola e, muito menos, de faculdade. Você sabe o quão difícil foi para mim terminar o ensino.

– Mas, meu filho, você vai ser motoboy a vida toda?

– Existe muito pai de família que é motoboy, você sabia?

– Mas não tem futuro.

– Mãe, eu ainda tenho 18 anos... deixa eu descansar um pouco dos estudos. Quem sabe, daqui a alguns anos, eu me anime e volte a estudar? Quem sabe, um dia, eu me canse da vida de motoboy e decida seguir outro caminho? Fique tranquila, pois quero o melhor para mim e, principalmente, para a senhora.

– Olha, eu sei que você vive me pedindo um tempo, mas meu sonho é ver você formado em uma faculdade. Te ver doutor...

– Vamos fazer assim: eu vou trabalhar como motoboy por um ano e, se não der certo, eu prometo para a senhora que eu vou me empenhar em estudar para passar em uma faculdade. Nesse momento, meu objetivo é pagar a moto; depois que pagá-la, prometo que vou pensar nas suas sugestões.

– Promete?

– Sim, prometo. A senhora sabe que faço tudo pela sua felicidade e a da Carol. Nós precisamos aliviar um pouco o lado da minha irmã. Ela não tem vida, só trabalha e estuda, não namora, não sai para os bailes, não se diverte, e eu não fico feliz em vê-la se matar tanto para nos ajudar a pagar o aluguel e a manter a casa.

– Sua irmã é uma guerreira... eu a admiro muito.

– Eu também, mas não é justo. Vou mudar essa história, confie em mim.

– É verdade, não é justo. Eu não consigo trabalhar, devido às minhas doenças. Como você sabe, meu filho, eu sou uma mulher cansada, com muitos problemas de saúde.

– Mãe, você não tem que se preocupar em trabalhar. Com relação a isso, Carol e eu damos um jeito. A senhora tem é que cuidar da sua saúde, ela sim é muito importante para nós.

– Eu estou me cuidando, meu filho. Amanhã mesmo tenho exame marcado lá no posto de saúde.

– É isso o que a senhora tem que fazer, cuidar da sua saúde. Minha irmã e eu cuidaremos do resto.

– Mas tenha cuidado, tá?

– Pode deixar, mãe.

Helena se levantou, pegou o prato vazio de Lelei e se dirigiu à pequena geladeira para buscar um pedaço de doce que havia feito durante a tarde.

– Olha o que eu fiz para você!

– Nossa, mãe, que bom! Coloque dois pedaços, por favor.

Atendendo ao pedido do filho, Helena colocou no prato dois pedaços de pudim.

Lelei se deliciou do doce feito pela mãe.

Helena voltou a se sentar ao lado do rapaz. Ela ficou ali admirando a beleza do filho.

– Está gostoso?

– Maravilhoso, mãe!

– Que bom, filho.

– Mãe, que horas é o seu exame amanhã?

– Oito horas.

– Eu te levo.

– De moto?

– Sim, mãe, qual é o problema?

– Eu tenho medo.

– Deixa de ser boba, mãe... eu vou devagarinho.

– Promete?

– Sim, eu levo a senhora e depois começo o trabalho de entrega das marmitas.

– Sua irmã me contou.

– Contou, o quê?

– Que amanhã já começa a entrar mais um dinheirinho para nos ajudar.

– Ah, sim. Amanhã, começo o trabalho de entrega das quentinhas.

– Deus é bom, filho.

– Sim, Deus é maravilhoso! Só tenho a agradecer por nossa família e pela minha vida.

– Isso mesmo, filho, agradeça sempre a Deus por todas as suas conquistas.

– Agradeço todas as noites, mãe.

– Eu também... antes de dormir, faço uma oração agradecendo a Deus por ter me dado filhos tão maravilhosos.

– E eu agradeço por ter uma mãe como a senhora.

Carol entrou em casa.

– Oi, mano!

– Oi, maninha! Onde estava?

– Fui à casa de Raquel para entregar uma encomenda.

– O que ela pediu?

– Uma bolsa dos recicláveis que fiz exclusivamente para ela.

– Que legal! E ela gostou? – perguntou Helena.

– Amou, mãe.

– Que bom, filha.

– Olha, toma aqui, mãe, esse dinheiro do pagamento da bolsa para você poder ir ao médico amanhã.

– Não precisa, filha, o Wanderley vai me levar de moto.

– A senhora vai sair de moto?

– Vou. Ele prometeu pra mim que vai bem devagarinho.

– Mãe!

– Fique tranquila, mana… vou levá-la e depois a busco lá quando terminar o exame.

– Fique com esse dinheiro para você comer alguma coisa na faculdade amanhã, filha.

– Está bem – disse Carol se sentando à mesa.

– Quer que coloque seu jantar, filha?

– Coloca pouquinho, mãe.

– Pode deixar, filha.

Naquele momento, vi entrar na humilde casa dois espíritos muito iluminados. Uma mulher e um homem. Eles eram muito altos, e as luzes de seus corpos quase cegaram a minha visão. A luminosidade intensa clareou todo o ambiente.

Após me refazer da claridade, esfregando os meus olhos, olhei para o Lucas, que permanecia ao meu lado.

Os dois iluminados se aproximaram de todos que estavam sentados à mesa e impuseram suas mãos na direção deles. Eu pude ver sair de suas mãos uma luz de cor violeta, de forte intensidade, que iluminou ainda mais todo o ambiente.

Não contive a curiosidade e me atrevi a perguntar ao Lucas o que estava acontecendo.

– Lucas, o que está acontecendo?

– Eles estão recebendo uma carga fluídica para equilíbrio espiritual.

– Quem são esses espíritos?

– São os mentores espirituais do rapaz e da irmã dele.

– Somente deles?

– Sim. Eles estão conectados às sublimes energias de amor e, por estarem em uma encarnação de muitas provas, sempre que é necessário, os mentores se aproximam deles para lhes abençoar emanando energias benéficas para essa vida.

– Nossa, que legal isso!

– É muito comum acontecer, Osmar.

– Eu nunca tinha visto.

– Só é possível ver esse fenômeno, quando se tem permissão.

– Quer dizer que precisamos de permissão para ver esses espíritos?

– Também.

– Como assim, Lucas? Como assim, "também"?

– Alguns médiuns conseguem perceber a presença desses iluminados e até sentir as energias que eles trazem, mas não são todos... na verdade, são poucos os médiuns capacitados para esse fenômeno.

– Que tipo de mediunidade é preciso ter para sentir e ver tudo isso?

– Clarividência e sensitivos.

– Entendi, mas por que eles estão aqui?

– Porque algo de muito ruim vai acontecer nessa família, e o ambiente precisa ser preparado.

– O ambiente?

– Sim. Uma tragédia cairá sobre essa família, mas, antes, por eles serem merecedores, os mentores espirituais se aproximam para preparar os corações para suportar a dor que está por vir. Quando digo tragédia, é porque eles não têm ainda a consciência da vida eterna e sentem com pesar a morte que se aproxima. Para nós, é mais uma experiência necessária na qual todos precisam passar para sua evolução pessoal.

– Entendo, Lucas, mas eles são tão unidos... meu Deus!

– É Ele mesmo quem permite que isso aconteça.

– A tragédia ou os anjos?

– Os dois.

– Você pode explicar melhor, Lucas?

– Osmar, tudo é merecimento. As provas da encarnação são ferramentas modificadoras. É através das provas e das encarnações que os espíritos se aperfeiçoam.

Aquilo que vocês chamam de tragédia ¬– pois é disso que será qualificado o acontecimento que você poderá ver e relatar –, nada mais é, que oportunidade evolutiva, já que os espíritos não morrem.

Esse rapaz escolheu essa vida, escolheu estar onde está, ao lado desses que ele se encontra nesse momento. Seu pai morreu quando ele ainda era um menino. Sua mãe não consegue o sustento, pois tem a saúde debilitada. Sua irmã é companheira de muitas vidas, e você poderá ver isso mais à frente.

O acontecimento, embora triste e lamentável, é a prova que nos levará ao destino de alguns espíritos que relataremos neste livro. No final, você poderá compreender tudo, e tenho certeza de que se surpreenderá.

– Eu confio muito em vocês, Lucas.

– Confie e escreva.

– Mas você poderia explicar um pouco mais sobre essas presenças espirituais?

– Sim, claro que sim. Vamos lá.

– Osmar, a bondade é um atributo essencial a todos os espíritos que desejam trabalhar na vida espiritual como mentores, guias etc. A vida espiritual nunca foi e nunca será monótona. Temos muito o que fazer quando deixamos a vida corpórea.

– É por isso que vocês interferem tanto em nossas vidas?

– É incontestável a influência dos espíritos em vossos pensamentos e atos. Alguns mais, outros menos, mas todos recebem nossas influências. Os mais sensíveis percebem a nossa presença com maior intensidade, mas tanto os espíritos bons como os maus, os familiares, os sofredores, os felizes ou infelizes, os ignorantes ou letrados, os conscientes ou não, se aproximam dos homens e podem prejudicá-los ou ajudá-los, segundo a evolução espiritual de cada um.

– Que interessante, Lucas.

– Em alguns casos, Osmar, a presença é nefasta e prejudica as criaturas. São as chamadas obsessões, que tanto desequilíbrio emocional e mental tem causado aos conhecidos doentes mentais. Muitos se encontram internados em clínicas especializadas e, outros tantos, em busca da cura, direito de todos, perambulam pelos consultórios dos psiquiatras, neurologistas e psicólogos à procura de uma resposta para o mal que os aflige.

Muitos casos chamados depressivos, o mal do século, explicam-se e são constatados pela presença de espíritos perturbadores, magos negros, Kiumbas, Eguns, malfazejos, e tantos outros que se conectam ao paciente através do pensamento e sintonia. Lembre-se sempre de que você é o que atrai, pensa e se conecta.

– Entendi, Lucas.

– O problema é muito mais grave do que possais imaginar. Essa questão é tão séria que levou o Codificador Allan Kardec a preocupar-se com o fenômeno e, nas suas constantes pesquisas, chegou a essa constatação. Sempre interessado na orientação dos homens, na questão 459, de *O Livro dos Espíritos*, ele formulou aos orientadores espirituais a seguinte pergunta: *"Influem os Espíritos em nossos pensamentos, e em nossos atos?". Responderam: "Muito mais do que imaginais. Influem a tal ponto que, de ordinário, são eles que vos dirigem".*

– Eu já estudei sobre isso.

– Pois bem. Foi tanta a preocupação de Allan Kardec em vos elucidar sobre o tema, que o levou a escrever e publicar artigos seus, nas edições da *Revista Espírita*. Não sei se é de seu conhecimento...

– Sim, como disse, estudei bastante sobre a obsessão.

– Osmar, o estudo da obra citada é de grande importância para os estudiosos e orientadores daqueles que, despreocupados com o porquê da vida, se deixam influenciar pela ação nefasta exercida pelos espíritos maldosos e vingativos que logram descobrir brechas nos pensamentos das vítimas encarnadas, iniciando, assim, o assédio espiritual que, se não cuidado com seriedade, poderá causar muitos sofrimentos e também a perda da atual reencarnação.

Allan Kardec se esmerou em facilitar a compreensão de todos, pois o conhecimento antecipado da obsessão pode colaborar com as vítimas dos espíritos obsessores, facultando-os à prevenção do mal. Por aí, podeis constatar que realmente a influência espiritual em vossos pensamentos e atos é uma verdade inquestionável.

– Não tenho nenhuma dúvida disso, Lucas.

– Vocês poderiam perguntar: como podem os espíritos nos influenciar?

– Boa pergunta, Lucas.

– Eu te respondo que pensar é vibrar, é entrar em relação com o universo espiritual que vos envolve, e, conforme a espécie das emissões mentais de cada ser, elementos similares se lhe imantarão, acentuando as disposições e cooperando com ele em seu bem-estar ou transmitindo-lhe sintomas de sofrimentos constrangedores, provocando muitas quedas e deslizes que comprometem seriamente o futuro dos menos avisados. Assim sendo, é importante não vos descuidar de vossa casa mental, pois as vossas companhias espirituais serão sempre de acordo com os vossos pensamentos, como já citei anteriormente.

– Muito bom você poder nos passar essas informações, Lucas.

– Ao tomar consciência de que o pensamento se exterioriza e projeta-se para fora de vós, para vos livrar das más influências, é necessário que vocês se preparem para obter o merecimento, pensando e praticando o bem.

Foi por isso que Jesus, o Mestre por excelência, prelecionou com sabedoria: *"a cada um, segundo suas obras"*, e, por analogia, nos casos de obsessão, podemos afirmar: *"a cada um, segundo seus pensamentos e atos"*, meu nobre escritor.

Na renovação de vossa intimidade espiritual está a segurança infalível para a prevenção contra o assédio do mal em vossas vidas. Eduquem vossos pensamentos, se desejares contar com a companhia dos bons espíritos que vos protegem.

– Quais procedimentos são eficazes para a renovação dos nossos pensamentos, Lucas?

– Osmar, todo ser encarnado, espírita ou não, esforçado e desejoso de um crescimento interior, deve educar-se promovendo a reforma íntima tão necessária, além, é claro, de ler diariamente trechos dos ensinamentos de Jesus, procurando compreendê-los.

A boa leitura, feita com interesse de compreendê-la, eleva algo em vós e em vosso pensamento. Quando leres com atenção, estarás vivendo a cena em uma espécie de desdobramento mental. Se a leitura é elevada, elevado também é seu íntimo, e isso é bom. Estabelecer essas conexões mentais é fundamental para evitar que o mal aconteça.

O conteúdo ensinado no Evangelho sempre foi de altíssimo nível, arrebatando-vos para o desejo do mais perfeito comportamento de que todos estão capacitados a imaginar. Se conseguires manter vossa vontade na procura de um procedimento ideal, estareis juntando forças capazes de vos permitir a troca gradual de vossos hábitos.

Essa tarefa, por mais lenta que seja, não deve desanimar aqueles que compreendem o grande valor do objetivo final. É por isso que o estudo do EVANGELHO é tão importante para todos vocês: de um lado, o conhecimento leva ao procedimento; de outro, a mente ocupada com os conteúdos elevados do ensinamento, irá modificar o padrão vibratório, melhorando, assim, a sintonia conosco, o que, automaticamente, desliga vocês dos maus espíritos.

– Compreendo perfeitamente o que você quer nos ensinar Lucas. Inclusive, há um trecho do livro Pensamento e Vida, psicografia de Chico Xavier, através do instrutor Emmanuel, no qual ele dedica um capítulo inteiro ao tema obsessão, em que ele diz: *"Urge, pois, que saibamos fugir, desassombrados, aos enganos da inércia, porque o espelho ocioso de nossa vida em sombra pode ser longamente viciado e detido pelas forças do mal que, em nos vampirizando, estendem sobre os outros as teias infernais da miséria e do crime."*. E prossegue:

"Dar novo pasto à mente pelo estudo que eleva e consagrar-se em paz no serviço incessante é formula ideal para libertar-se de todas as algemas, pois que, na aquisição de bênçãos para o Espírito e no auxílio espontâneo à vida que

nos cerca, refletiremos sempre a Esfera Superior, avançando, por fim, da cegueira mental para a divina luz da Divina Visão."

Se assim procedermos, estaremos preparados para receber a influência dos bons espíritos, evitando os mal-intencionados, pois os bons só nos protegem e nos ajudam no cumprimento dos nossos objetivos encarnatórios.

– É isso mesmo, Osmar. Continue no esforço educacional do espírito em provas. Não há vitória sem luta. O esforço educacional é necessário a todos os espíritos que travam, diariamente, lutas evolutivas.

– Sempre que posso, estou estudando, Lucas.

– Faça isso e tudo ao seu redor se transformará. Quem estabelece ou permite a conexão com o mal é o espírito em provas. A mente é território que nunca deveis desprezar, pois é através do pensamento que os seus inimigos espirituais buscam atuar, a fim de atingir seus objetivos malignos.

– Orai e vigiai, é isso?

– Exatamente. Orai, vigiai e estudai. Não desperdiçando a vida e os momentos em que podes aprender mais e, assim, elevar-se aos olhos de seus irmãos em evolução. Como você pode ver agora, os benfeitores espirituais estão sempre por perto, desde que seja permitida nossa atuação e intervenção, e ela só é possível se você, que está encarnado, estabelecer através da força mental essa conexão conosco.

– Vejo claramente que os corações desse rapaz e o de sua irmã são bons e, isso, a meu ver, é o que permite essa ajuda.

– Estamos sempre dispostos ao auxílio dos nossos protegidos, mas, para que isso aconteça, é necessário que sejam mantidos pensamentos evangélicos e amor em todas as ações da vida, além de ter um coração caridoso, pois, fora da caridade, não há salvação.

– Nossa, Lucas, como eu sou grato a vocês por permitirem a mim essas linhas. Como sou grato a você por ter escolhido a mim para ser o transmissor dessas palavras que, com certeza, irão ajudar muitas pessoas.

– Nós é quem agradecemos pela oportunidade evangelizadora. Observe que o trabalho já está sendo finalizado e, logo, nossos irmãos deixarão este lar.

Naquele momento, vi que os dois mentores de luz estavam muito próximos de Helena, e direcionavam suas mãos para o peito da mulher. Pude ver também que, algumas doenças que ela carregava em seu corpo, se desintegravam e deixavam seu perispírito mais limpo.

– Eles estão curando a Helena, Lucas?

– Apenas removendo as energias deletérias dela, pois isso auxiliará os médicos terrenos com os males que afligem nossa irmã.

– São essas que vejo sair de seu perispírito?

– Sim, são energias que alimentam a doença de Helena. Tudo o que vos envolve é energia.

– Como assim, Lucas?

– Vosso plano é regido por energias, tanto boas quanto ruins. A conexão com essas energias é o que possibilita uma vida saudável em todos os sentidos. Portanto, deveis saber que quem estabelece essas conexões é você, e, através delas, ter uma vida saudável em todos os sentidos.

– Que bom saber disso e poder assistir a esses iluminados trabalhando. Um dia, você poderia nos falar mais sobre energias?

– Estamos no Universo para auxiliar, Osmar, portanto, no momento apropriado, conversaremos sobre isso.

– Obrigado, Lucas!

– Vamos! – disse ele levando-me de volta ao meu lar.

– Temos que ir?

– Sim. Tenho alguns compromissos no Umbral e preciso estar lá imediatamente.

– Lucas, posso te perguntar uma coisa?

– Sim, claro!

– Por que você vive no Umbral?

– O Umbral é o meu local de trabalho. Lá é o lugar que escolhi para as minhas provas e é onde me encontro evolutivamente.

– Evolutivamente? Como assim?

– Ao chegar à vida espiritual, você escolhe onde quer trabalhar para a sua evolução, e eu escolhi trabalhar no Umbral, só isso.

– Eu poderei escolher onde trabalhar?

– Só depende de como você chegará aqui.

– Como assim, Lucas?

– Depende do seu estado evolutivo e de seu merecimento.

– Entendi.

Naquele momento, chegamos à minha casa.

– Osmar, descanse. Em breve, te procuro para continuarmos esta psicografia.

– Estou aqui, Lucas.

– Até breve! – disse ele me deixando.

– Lucas?

– Sim.

– Antes de ir, quero te dizer uma coisa.

– Diga.

– Sinto que seus ensinamentos estão me transformando e quero te agradecer por isso.

– Osmar, quero te perguntar uma coisa, posso?

– Claro que sim!

– Osmar, o que acontece quando uma fruta, que ainda está no pé, é bicada por um pássaro?

– Apodrece?

– Não, Osmar, ela amadurece...

– Nossa, como tenho que aprender. Como sou grato a vocês!

– Estamos aqui. Até breve!

– Até, Lucas!

Sem palavras e emocionado, voltei à minha vida normal.

A fazenda

Eram seis horas da manhã, quando fui procurado pelo Lucas. Como eu conheço bem os mentores que escrevem comigo, acordei e não me assustei com a presença dele em meu quarto. Também não estranhei o horário no qual ele se apresentou, pois os espíritos preferem os horários matinais para as psicografias. Por vezes, sou acordado na madrugada. Uma vez, perguntei a Nina Brestonini por que eles escolhem sempre esses horários, e ela me disse que, para a realização das psicografias, aquele é o horário mais recomendado, pois a maioria dos espíritos encarnados está fora do corpo nas cidades espirituais, diminuindo, assim, a densidade fluídica da Terra.

Tudo está na mente, ela disse.

– Osmar?

– Oi, Lucas! – disse ainda sonolento.

– Você está disponível para escrevermos agora?

– Estarei sempre à sua disposição, Lucas.

– Desculpe-me o horário, mas preciso te mostrar algo.

– Sem problemas. Só me dê um tempinho para que eu possa me organizar.

Naquele momento, levantei-me, tomei uma xícara de café bem rápido, e me dirigi ao local onde psicografo. E lá estava ele me esperando. Lucas estava sentado em uma cadeira que mantenho ao lado da minha mesa.

– Oi, Lucas!

– Peço-te desculpas mais uma vez pelo horário.

– Sem problemas, meu amigo.

– Vamos?

Preparei-me e segui, em desdobramento, ao lado dele.

Chegamos a um lugar muito bonito. Percebi que se tratava de uma fazenda muito bonita e bem antiga.

– Que lugar é esse, Lucas?

– É o local onde viveram Lelei e sua irmã Carol, antes da encarnação atual, esta que estamos te mostrando. Na vida passada, ela tinha o mesmo nome de hoje: Carolina; e o Lelei era chamado de Jerônimo. Venha, vou te mostrar – disse ele me levando ao quarto em que a jovem Carol dormia.

– Veja, essa é a Carol.

– Que lindo quarto.

– Ela é filha do fazendeiro e dono de todas essas terras. Eles vivem da plantação de café e milho. São muito prósperos.

Pude observar que a mobília do quarto era bem antiga, então me atrevi a perguntar ao Lucas em que ano estávamos.

– Em que ano estamos, Lucas?

– 1867.

– E em que lugar estamos?

– No interior de Goiás.

– Pelo que estou vendo, eles são ricos.

– Muito – disse Lucas.

Ele me levou próximo da cama na qual a jovem dormia. Ela era muito bonita e devia ter uns 16 anos. Ficamos do lado esquerdo do quarto, até que percebi quando um homem entrou sorrateiramente pela janela, que estava aberta.

Era uma noite quente de verão.

Carol dormia profundamente quando o marginal entrou e ficou a observá-la.

A doce menina não percebeu a presença do homem, alto e forte, que, sem piedade, se jogou em cima dela. Carol acordou muito assustada e tentou se defender do agressor.

Naquele exato momento, fui afastado, ainda em desdobramento, para outra região, e, ao voltar, Lucas me contou o que irei relatar a seguir.

Após alguns minutos tentando de todas as formas se livrar do rapaz que lhe sufocava tapando sua boca com as mãos, ela perdeu os sentidos e desmaiou.

O rapaz abusou da menina e não satisfeito em lhe machucar e estuprar, ainda pegou uma corda que carregava consigo e enforcou a doce Carol, tirando sua vida sem piedade.

Quero aqui interromper um pouco para fazer outra observação, de modo que todos saibam como funciona a psicografia em casos assim; pelo menos, é o que ocorre comigo em todas as psicografias nas quais atos de intimidade acontecem entre os personagens. É o que vi e relato a vocês.

O ato do estupro não foi mostrado a mim. Não vi ninguém nu, muito menos, praticando sexo. Isso não é permitido nas psicografias. Há uma determinação espiritual que impede médiuns como eu, por exemplo, de assistir à intimidade dos personagens nos livros que escrevemos. Acontece que, nesse caso específico, o Lucas me contou o que relato agora a vocês neste livro.

Após toda a crueldade, o rapaz deixou o ambiente de dor sem nenhum remorso em seu peito.

Logo pela manhã, uma mulher entrou no quarto para acordar a menina, mas já era tarde demais. Aos gritos, correu apavorada pelo extenso corredor pedindo socorro por ter encontrado a garota morta, com uma corda no pescoço.

– Socorro, socorro! Mataram a Carolina, mataram a Carolina!

Naquele momento, seu pai saiu de seu quarto, ainda com poucas roupas, e correu desesperado em direção aos aposentos da jovem carregando, na mão direita, uma arma.

O irmão dela, Jerônimo – que eu pude reconhecer ser Lelei –, também se desesperou ao encontrar a sua amada irmã morta em seu quarto.

Sua mãe entrou em choque e desmaiou ao chegar perto do corpo da filha.

Os escravos se aproximaram e custaram a entender o ocorrido.

Revoltado, João, pai de Carolina, ordenou que todos os escravos fossem reunidos no pátio principal da fazenda, logo após o enterro de sua amada e única filha.

O funeral reuniu todos os fazendeiros das proximidades, todos muito alarmados com o acontecimento, afinal, Carolina era uma jovem muito admirada por todos, pois era muito educada e gentil, principalmente com os mais humildes e também com os serviçais.

Após o ocorrido, vários escravos tentaram fugir, mas os capatazes, orientados pelo senhor, mantiveram todos eles presos nas duas senzalas existentes. João desconfiava de que um escravo pudesse ter feito o que fizeram com sua filha.

Foi um dia muito triste naquele lugar. Eu estava ao lado de Lucas e assistia a tudo calado e perplexo com tamanha crueldade.

O assassino fez tanto mal à jovem que, além de tudo, ainda desferiu alguns golpes de faca em seu corpo, deixando sua cama toda ensanguentada.

Terminado o enterro, o senhorio mandou chamar seu capataz de confiança. Entrou em seu escritório um homem bem alto e forte, de cabelos longos e grisalhos, armado e muito malvestido.

– Sente-se, Jordão.

– Patrão, eu lamento muito pelo que aconteceu com a sinhá Carolina.

– Estamos todos muito tristes, Jordão.

– Patrão, nós precisamos achar quem fez isso com a sinhá.

– É para isso que te chamei aqui.

– O que o senhor quer que eu faça?

– Você desconfia de alguém que possa ter feito essa maldade à minha menina?

– Olha, patrão, é difícil saber... o senhor tem mais de cem escravos. Perdoe-me o que vou lhe perguntar, mas será mesmo que foi um escravo que fez isso? Eles não são rebeldes. Não temos casos de estupro ou mesmo de brigas entre eles.

– Não temos nenhum convidado na fazenda, Jordão. Não há ninguém de fora por essas bandas.

– Ninguém de fora?

– Não, estão aqui somente os escravos e nós.

– Hum, entendo.

– Você manteve todos os escravos presos?

– Sim, estão todos nas senzalas desde ontem, senhor.

– Pois então, reúna todos eles no terreiro central e chame outros capangas para que ninguém fuja; quero olhar dentro da cara de todos os negros. Deus há de me mostrar quem fez isso com a minha filha.

– Estou indo, senhor... vou reuni-los e aviso ao senhor.

– Vá, Jordão!

Imediatamente, o capataz saiu e, com o auxílio de outros capangas, as senzalas foram abertas. Delas, eles tiraram todos os homens e colocaram-nos no terreiro central, local onde se seca o café.

Tinham, aproximadamente, setenta homens e muitas mulheres.

Lucas e eu ficamos em uma varanda bem alta, de onde podíamos ver todos perfilados. Foi quando João, dono da fazenda, deixou seu escritório e, carregando em sua mão direita uma açoiteira curta, se aproximou do terreiro.

Naquele momento, pude ver cada rosto. Na verdade, eu procurava uma marca de culpa em algum daqueles negros escravizados e sofridos.

No lugar, só havia homens... as mulheres e as crianças tinham sido poupadas daquela lamentável cena.

Todos tremiam muito com a proximidade do encontro com Jordão e seu patrão. Alguns, choravam de tanto medo. Outros, urinavam perna abaixo, afinal, o patrão estava à procura de um culpado para descarregar todo o seu ódio pelo ocorrido.

Perfilados, temerosos e fracos, aqueles pobres homens esperavam pela hora da morte.

João se aproximou e começou a caminhar entre as fileiras, ao lado de Jordão, que trazia em suas mãos uma espingarda e um chicote.

A caminhada era lenta, e João fitava-os nos olhos à procura de um rosto culpado. Até que já bem perto do final, ele se aproximou de dois jovens e, após olhar fixamente para eles, ordenou que fossem separados do grupo.

Jordão, cumprindo as ordens do patrão, levou os rapazes para o meio do terreiro, local onde todos podiam vê-los.

Após a revista geral, João se dirigiu aos dois separadamente.

– Foram vocês que mataram a minha filha?

O silêncio era nosso companheiro naquele momento.

Ele, então, gritou bem alto.

– Foram vocês, seus desgraçados?

Confesso a vocês que a pior coisa que pode acontecer a um médium é presenciar o que presenciei naquele momento. Olhei para o Lucas, como se implorasse a ele para que me respondesse o motivo de estar ali. Por que será que eles queriam me mostrar tudo aquilo?

Lucas sequer olhava para mim; mantinha seu olhar fixo no terreiro de secagem de café, onde tudo acontecia.

Os rapazes imploravam por suas vidas dizendo que não tinham feito nada daquilo.

E, o pior de tudo, meus leitores, é que eles estavam certos. Não tinha sido nenhum dos dois. Eles se ajoelharam e imploravam por suas vidas.

João, consternado, açoitava os rapazes sem dó nem piedade.

Foi quando ordenou:

– Amarrem os dois no tronco!

Imediatamente, Jordão e seus capangas amarraram os rapazes no tronco.

– Enquanto o desgraçado que fez o que fez com a minha filha não aparecer, esses dois vão apanhar até a morte. E se ninguém assumir o que fez, eu vou matá-los aos poucos e vou matar cada um de vocês com os açoites do meu chicote.

Naquele momento, um dos capatazes se aproximou de João e entregou em suas mãos um chicote que, nas pontas, tinham pequenas bolas de chumbo bem afiadas.

A tortura começou.

Os negros imploravam por suas vidas.

– Nós não fizemos nada, sinhô.

– Não fizemos nada – dizia o outro gemendo de dor pelos açoites.

A tortura parecia não ter fim.

Foram algumas horas de sofrimento para aqueles pobres rapazes inocentes.

Fixei meu olhar em Lucas, tomei coragem, e perguntei:

– Lucas, por que isso está acontecendo? Não foram eles que fizeram aquilo...

– Tenha calma, pois logo você terá a resposta para tudo o que estamos assistindo. Sei que o que você está vendo não é digno de nenhum ser encarnado, mas é a história que temos de mostrar. Nada está ao acaso. Confie...

– Mas eles são inocentes. O homem que fez aquilo com a Carolina sequer está aqui.

– Pois então observe e você vai entender.

– Meu Deus, tenha misericórdia desses rapazes, eles não vão resistir por muito tempo.

– Continue olhando e você verá que Deus não desampara nenhum filho Seu, Osmar.

Foi quando eu vi que se aproximaram do senhor João duas mulheres, aliás, dois espíritos de mulher. Elas eram bem iluminadas e, ao se aproximarem dele, envolveram--no em uma luz extremamente forte, que lhe abrandou o coração.

Eu vi aquele homem desabar em lágrimas, sem mais forças para chicotear aqueles pobres rapazes, que já estavam desmaiados depois de tanto sofrimento.

Confesso que a espiritualidade tem mistérios dos quais valem muito a pena sermos pacientes e esperarmos pelos acontecimentos.

Naquela hora, todos os negros que estavam perfilados se ajoelharam e começaram juntos uma oração. Vi centenas de anjos se aproximarem do lugar e emanarem fluidos de amor em todos os corações ali presentes.

É, meus leitores, vocês nem imaginam quem é que estava no comando daquela falange de luz...

Fazem ideia?

Isso mesmo. Era a menina Carolina que veio em missão de socorro àqueles pobres rapazes que tanto sofriam com os açoites injustos da ignorância de um pai que acabara de perder seu bem mais precioso. Mesmo tendo falecido há menos de dois dias, ela estava ali comandando a falange de amor.

Uma onda de amor envolveu todos os corações presentes, inclusive, o meu. Não contive as lágrimas de emoção ao comprovar que o amor de Deus e dos espíritos superiores está sempre presente onde há dor e sofrimento.

Naquele instante, desceu pelas escadas da fazenda ninguém menos que Jerônimo – que era o irmão caçula de Carolina e, atualmente, Lelei. Ele se aproximou do pai, o abraçou e disse:

– Pai, perdoe esses pobres rapazes, eles não são culpados.

– Meu filho, meu coração dói.

– Pai, minha irmã e eu sempre te amamos muito, mas não é o chicote instrumento de Deus. Causar dor a esses inocentes, nos afastará do amor que o Cristo Jesus nos pede todos os dias. Entregue toda justiça nas mãos do Pai Maior. Confie em Nosso Senhor Jesus Cristo, pois, um dia, o homem que fez isso à minha irmã sofrerá as consequências do seu ato.

João chorava muito abraçado ao jovem de apenas 15 anos. Sem forças, ele foi amparado pelo filho querido.

Todos os negros continuavam ajoelhados e orando pela paz naquela fazenda.

Uma cena que confesso a vocês que nunca mais esquecerei, pois os olhos da mediunidade, por vezes, nos revelam acontecimentos que nos privilegiam diante dos irmãos descrentes do amor de Deus por todos nós.

– Pai, vamos entrar… deixe os negros trabalharem. Nada mais podemos fazer.

– Mas, filho...

– Pai, confie em mim. Só o amor poderá nos devolver a Carol. Esteja onde estiver, é isso o que ela deseja de nós. Minha irmã jamais ficaria feliz com o que o senhor está fazendo. Você sabe, a Carol sempre amou os nossos escravos e todos aqui da fazenda. Confie, pois vamos encontrar o culpado e, nesse dia, entregaremos à justiça dos homens quem fez isso com a nossa família.

Triste, fraco e sem mais nada a fazer, João se entregou ao amor de seu filho e foi com ele para dentro da linda sede da fazenda.

Jordão libertou os escravos e ordenou a eles que voltassem ao trabalho, enquanto, as negras, tiraram as cordas que prendiam os outros dois rapazes ao tronco e os levaram para a senzala para serem cuidados.

Foi uma das cenas mais bonitas que já vi nas psicografias. Realmente, sou privilegiado por ter a permissão de ver e revelar a vocês a beleza do amor dos espíritos por todos nós.

Lucas me olhou e disse:

– Venha, tenho mais uma coisa para te mostrar.

– Só um minutinho, Lucas, por favor.

Naquele momento, dirigi-me à sala da fazenda para ver, pela última vez, a doce Carolina.

Ela estava ao lado da mãe e acariciava sua face, transmitindo a ela fluidos de amor. Carol retirava de seu peito uma energia escura, que pude perceber ser da angústia que sentia por ter perdido a amada filha.

Carolina fez o mesmo com todos os que estavam ali consternados, sentados na linda sala da fazenda. Na companhia de alguns espíritos, ela cuidou de todos antes de deixar o lugar.

Ao passar por mim e pelo Lucas, a doce menina sorriu, e nos deixou ainda mais extasiados com tanto amor em seu coração.

Saímos imediatamente da fazenda, e ele me levou ao Umbral.

– Venha, Osmar, preciso que você veja mais uma coisa.

– Estou indo.

Em desdobramento, eu o segui...

O Umbral

Antes de continuarmos a história trazida pelo Lucas, eu gostaria de explicar para todos vocês um pouquinho sobre o que é o Umbral.

A região ocupa um espaço invisível – que vai do solo em que vivemos, até alguns quilômetros de altura até a nossa atmosfera.

O clima é denso e equivale a um estado de tristeza e desespero para nós. A densidade do lugar não permite que a claridade entre ali. Quando é dia, poucos raios de sol se atrevem a penetrar nas nuvens, que também são densas, escuras e cobrem todo o Umbral.

A impressão que se tem é de que o Umbral é um longo fim de tarde, em que as nuvens, muito baixas, se confundem com a névoa que existe no lugar. À noite, não é possível ver as estrelas, e, a lua, aparece avermelhada entre grossas nuvens. Mas, assim como o Sol, surge apenas quando consegue atravessar a densidade daquele lugar.

Há várias cidades no Umbral. São grandes, médias e pequenas, onde milhares de espíritos vagam sem perceberem seu real estado. Apesar disso, existem inteligências que lideram essas cidades. Há, ainda, grupos de nômades e espíritos solitários que habitam pântanos, florestas e abismos. O Umbral é terrível.

A vegetação é variada. Muitas vezes, constituída de pouca variedade de plantas. As árvores são de baixa estatura, com troncos grossos, retorcidos e com pouca folhagem – as folhas que se atrevem a nascer são escuras e murchas.

Existem também áreas desertas, locais rochosos e lugares de vegetação rasteira, composta de ervas e capim¬ – um capim escuro que não temos por aqui. Há, ainda, alguns animais sem forma definida.

Eu estava adentrando no Umbral ao lado de Lucas, e ele, como sempre, um excelente instrutor, aproveitou que eu estava muito curioso para me mostrar alguns tipos de animais e de aves desprovidos de beleza. Todos, sem exceção, eram bem escuros.

Ainda no Umbral, pude ver também algumas montanhas, vales, rios, grutas, cavernas, penhascos, planícies, regiões de pântano, e todas as formas que podem ser encontradas na Terra.

Como os espíritos sempre se agrupam por afinidade (igual a todos nós aqui na Terra), ou seja, nos unimos de acordo com o nosso nível vibracional, existem inúmeras cidades habitadas por espíritos semelhantes. Algumas cidades se apresentam mais organizadas e limpas do que outras. Mas todas estão sob o céu negro do Umbral. Seres horríveis vagam pelas estradas escuras.

A vida na Terra e no Umbral funciona como em grandes escolas, onde aprendemos no amor ou na dor. Ninguém vai para o Umbral por castigo; ninguém está destinado a esse sofrimento, pois Deus é bom a todo tempo.

A pessoa vai para o lugar que melhor se adaptar a sua vibração espiritual no momento do desencarne, ou aquilo que carrega dentro de si. Quando deseja melhorar, existe quem o ajude. Quando não deseja melhorar, fica no lugar que escolheu.

Todos que sofrem no Umbral, um dia são resgatados por espíritos do bem e levados para o tratamento adequado, para que possam melhorar e viver em planos de vibrações superiores.

Existem muitos espíritos que ficam no Umbral, por livre e espontânea vontade, aproveitando-se do poder e dos benefícios que acreditam ter em seus mundos. “Tudo se assemelha.” Lucas já me disse.

Na região umbralina, também existem várias equipes de socorro. Elas ficam trabalhando nas zonas de sofrimento e, algumas, nos diversos postos de socorro que existem em cada núcleo do Umbral. Muitos desses postos ficam nas regiões periféricas; alguns, se encontram dentro das cidades do Umbral.

É tudo muito organizado.

Esse local de ajuda, semelhante a um complexo hospitalar, geralmente é vinculado a uma colônia espiritual de nível superior. Nele, encontramos espíritos missionários oriundos de regiões mais elevadas.

Eles trabalham no auxílio aos espíritos que vivem nas cidades sombrias do Umbral, que estão à procura de tratamento e/ou orientação. Alguns, precisam de refazimento perispiritual e são levados para outras unidades de tratamento espalhadas nas colônias espirituais, além de algumas poucas no próprio Umbral.

Quando o espírito ajudado desperta para a necessidade de melhorar, crescer e evoluir, ele é levado para uma colônia, onde é tratado e pode passar seu tempo estudando e realizando tarefas úteis para si e para o próximo.

Do contrário, quando se sente incomodado e mergulhado em sentimentos como ódio, vingança e revolta, acaba retornando espontaneamente para os lugares de onde saiu. Não devemos esquecer que continuamos com nosso livre-arbítrio, e é ele quem nos conduz por toda a nossa existência.

Tudo é pensamento e atitude. Se tens bons pensamentos e boas atitudes, estarás sempre em bom lugar; caso contrário, atrairás aquilo que sentes e deseja. É uma região purgatória, como nos explicam os espíritos amigos que trabalham nessa região.

Os postos de socorro não são cidades, mas alguns deles têm grande dimensão, assemelhando-se a uma cidade no meio do Umbral. Vistos de longe, são como pontos de luz e de beleza em meio à paisagem triste, escura, fria e nebulosa que é a paisagem natural do Umbral.

Esses postos são constantemente procurados por pessoas desesperadas e perdidas, que necessitam de abrigo e ajuda. A Colônia Espiritual Amor e Caridade possui alguns núcleos de amparo nesses lugares.

– Os espíritos que vivem no Umbral ainda estão muito ligados ao mundo material. Por isso, sofrem aqui – disse Lucas.

Existem outros postos de socorro que ficam em uma região transitória entre a Terra e o Umbral. Trata-se de um lugar que eles chamam de transição; uma colônia, assim podemos chamar (Colônia da Transição). Esses locais são destinados ao socorro e à orientação de espíritos recém-desencarnados.

Pessoas que acabam de morrer costumam ficar totalmente desorientadas. Muitas não sabem sequer que estão mortas. É fácil imaginar o sentimento horrível e a loucura que uma pessoa nessa situação possa estar.

Esses postos estão localizados no mundo invisível, exatamente no mesmo local onde estão hospitais, cemitérios, sanatórios, presídios, igrejas, centros espíritas etc. São nesses locais onde se pode encontrar o espírito de pessoas que acabam de desencarnar ou que estão procurando por algum tipo de ajuda.

São construções energéticas que, para os espíritos naquela frequência, são tão sólidos quanto os objetos desta nossa dimensão terrestre. Os espíritos mais sutis atravessam esses ambientes porque são mais rarefeitos, mas, naquela dimensão, para quem está lá, os objetos são tão densos quanto os daqui são para nós.

A pessoa se vê em um ambiente propício para a recepção de recém-desencarnados, onde o que sobrou do cordão de prata é então rompido. A pessoa acorda em um hospital extrafísico após a morte, não porque esteja doente, mas para romper essa conexão. Esses hospitais são locais de transição, como disse antes.

Dali, ela passa para a dimensão correspondente ao seu nível. Os laços, após desfeitos, libertam o espírito para seguir seu destino. Nossos pensamentos e emoções se plasmam energeticamente em nossa aura, em nosso corpo perispiritual, e é ele que se apresenta na vida após a vida.

Assim, nós somos a somatória do que pensamos, sentimos e fazemos durante toda a vida.

A cada noite, quando nos desprendemos para fora do corpo físico, o corpo espiritual carrega a vibração de tudo o que ocorreu naquele dia.

Na hora da morte, a vibração do corpo espiritual, ou seja, nosso perispírito, é a soma de tudo que você pensou, sentiu e fez durante uma vida inteira. Alguns luminosos, outros totalmente danificados pelos pensamentos e atitudes, e refletem exatamente o que fomos na vida de encarnados.

Pode-se dizer que cada pessoa que desencarna carrega um campo vital contendo tudo o que ela é como resultado de tudo o que desenvolveu e fez em vida.

Quem tem uma vibração 'x' no corpo espiritual, após a morte é atraída para o plano extrafísico de uma dimensão 'x', compatível com a vibração que ela porta.

O plano espiritual é dividido em subdimensões. Muitos as dividem em sete níveis, outros, em três. Os que dividem em três, os fazem da seguinte maneira: *plano astral denso; plano astral médio e plano astral superior*.

No denso, estariam as pessoas complicadas. Seria o chamado Umbral ou Inferno.

O plano astral superior seria o Paraíso do Espiritismo.

E o plano astral médio seria onde se encontram as pessoas mais ou menos, ou seja, iguais a nós. Em outras palavras, a maioria.

– E o lugar que os espíritas chamam de Umbral? – perguntei ao Lucas.

– A palavra *Umbral* significa "muro"; é a divisória entre o plano terrestre e o plano astral mais avançado. Uma divisória vibracional, na qual quem tem o corpo espiritual denso não atravessa, funcionando como uma peneira vibracional.

– Uma vez, a Nina me disse que "Inferno e Paraíso são portáteis", ou seja, você carrega dentro de si. Se estiver bem, o Paraíso estará dentro de você.

– Quando você sai do corpo nessa condição, você é atraído automaticamente por uma vibração semelhante à que existe em seu interior. A passagem para o Paraíso está dentro de nós. E o Inferno é a mesma coisa, é um estado íntimo.

Veja uma pessoa cheia de autoculpa e compare com aquela imagem clássica do diabo colocando alguém dentro da caldeira e espetando. A autoculpa "espeta" mais do que qualquer diabo, porque não é preciso que o Inferno venha de fora: ele já está dentro, e o "diabo" é você mesmo. Nosso Paraíso é portátil, o levamos dentro de nós.

O Umbral é uma região muito pesada porque reflete o estado íntimo de quem lá está. Você encontra lugares que lembram abismos, cavernas escuras etc., tudo exteriorizado do subconsciente dos espíritos, como formas mentais. Quando você olha no fundo desses abismos, vê que está cheio de espíritos, mas eles não voam, são densos.

No plano espiritual, é possível encontrar favelas, cidades medievais e muito mais. Os espíritos vivem presos a formas mentais das quais, muitas vezes, são difíceis de escapar. São esses espíritos que os seres evoluídos buscam ajudar nessas dimensões – explicou Lucas.

Foi nesse lugar que Lucas e eu chegamos após deixarmos a fazenda. Eu ainda estava muito impressionado com tudo o que havia visto e relatado nesta psicografia.

Chegamos ao Umbral, e eu pude ver que havia um local com pequenas casas. Era uma pequena vila de casas velhas e um enorme armazém, desses bem antigos; ao lado dele, uma torre, que parecia, na verdade, ser um enorme cata-vento.

– Que lugar é esse, Lucas?

– Esse é o Vale das Sombras.

– Eu estive com você em um lugar muito parecido com esse em outra psicografia.

– Sim, o Limbo e as Trevas, eles se parecem muito com este lugar.

– Mas quem são os espíritos que vivem aqui?

– Aqui, reúnem-se os espíritos de assassinos, psicopatas, maníacos, entre outros que são atraídos pelas vibrações daquilo que fizeram na vida quando encarnados, e que estão em sintonia com este lugar.

– Que lugar horrível, Lucas!

– Sim, este lugar é um dos piores para o espírito liberto.

– Por que viemos aqui?

– É aqui o lugar onde se passa tudo o que iremos relatar. Venha, quero que você observe e escreva tudo o que irei te mostrar.

– Ok, vou te seguir.

Caminhamos para dentro do Vale. A escuridão e as chuvas torrenciais eram nossa companhia naquele lugar.

Estávamos abrigados em uma espécie de luz que não permitia que nos molhássemos, mas sentíamos as vibrações extremamente negativas do lugar.

Chegamos ao tal armazém, que pude ver à certa distância. E nele, acontecia um encontro de vários espíritos. Ao centro, havia um palanque – desses que costumamos ver em festas e em quermesses –, no qual um homem alto e forte estava sentado em um trono todo feito de ossos.

Ele estava vestido com uma calça comprida preta e uma camisa de mangas compridas da mesma cor. Em seus ombros, portava uma capa, também preta, que lhe cobria todo o corpo. Em sua mão esquerda, uma lança bem afiada.

Todos os que estavam presentes o reverenciavam como um líder naquele maldito lugar.

Uma densa fumaça negra estava presente em todo o ambiente.

Mulheres riam e se divertiam ao som de uma música que era tocada por um grupo de espíritos com instrumentos rudimentares.

Na verdade, estávamos em uma festa organizada pelos espíritos que ali viviam.

Sentamo-nos na arquibancada superior. Não fomos percebidos, pelo menos até aquele momento, não.

Eu estava com muito medo de tudo o que estava vendo à minha frente.

– Lucas?

– Sim.

– Estamos seguros aqui?

– Sim, eles não podem nos ver.

– Não nos veem?

– Não.

– Por que eles não conseguem nos ver?

– Porque estamos em uma vibração diferente. Eles jamais conseguiriam nos ver.

– Entendi. Quer dizer que o que trazemos em nós faz com que não sejamos vistos?

– Exatamente. O perispírito reflete as nossas conquistas, isto é, se as conquistas deles (desses espíritos) estão distantes das nossas, eles não conseguem se alinhar à nossa energia, e, dessa forma, não conseguem nos ver nem sequer nos perceber.

– Que legal, Lucas! Quem criou isso?

– Você criou isso.

– Como assim?

– Como disse, o espírito reflete o que é em essência. Se sua essência é boa, todo o restante reflete a bondade que existe em você; caso contrário, você já teria sido percebido por eles.

– Que perfeição!

– Ele é perfeito em todas as coisas.

– O que iremos ver?

– Veja e escreva.

Calei-me imediatamente e passei a observar tudo à minha volta.

Rapazes, moças, senhores, senhoras... todos estavam muito alegres, até que eu vi quando um prisioneiro foi trazido ao centro do lugar em que estávamos.

Era um homem de aproximadamente 40 anos. Ele estava algemado, com as mãos para trás.

Suas roupas estavam todas rasgadas e seu corpo tinha ferimentos que sangravam. Sim, leitores, sangravam...

Parecia que ele havia apanhado muito, como se tivesse passado por um linchamento.

– Tragam ele! – ordenou o líder do lugar.

Dois homens bem fortes arrastaram o moribundo em direção ao centro do local, em frente ao palanque onde o grande chefe estava.

Logo que se aproximaram, eu ouvi o homem gritar.

– Tragam esse maldito até mim!

Lentamente, aos gritos de desgraçado e maldito, o homem foi arrastado até a presença do homem de preto, que estava sentado em seu trono.

E, ao chegar, ele gritou:

– Bem-vindo ao Umbral, seu desgraçado!

Todos gritaram de alegria, parecia que comemoravam a chegada daquele infeliz espírito, sofrido e quase inconsciente.

Gritos, assobios e uivos eram ouvidos de todas as partes.

O pobre homem foi deixado ali por seus algozes, que se mantiveram um pouco afastados, mas ainda perto.

– Seu miserável, agora não adianta se arrepender do que fez. Agora, você vai arder no caldeirão do inferno, seu maldito!

– Me perdoe, me perdoe...

O líder do lugar ria bem alto...

– Perdoar? – risos...

Todos gargalhavam e zombavam do moribundo que padecia nas mãos dos malvados que ali se encontravam.

– Aqui não há perdão para vermes como você, seu miserável!

A gritaria só aumentava. A música se intensificava. Eles estavam comemorando a desgraça daquele homem.

– Aqui eu quero ver você ser valente... quero ver você ser covarde como foi, quero ver você ser macho, seu vagabundo! – gritava o líder em voz alta.

E a cada palavra de ofensa que ele dirigia àquele pobre espírito, todos gritavam ainda mais felizes com a desgraça do prisioneiro.

– Deus, me ajude! – implorava o moribundo.

Todos riam ainda mais alto.

– Deus não quer que você seja ajudado, seu lixo! Agora, você vai pagar cada centavo pelas mortes que você provocou… aqui é o lugar onde as contas são acertadas pela justiça divina, seu verme maldito!

Nesse momento, eu vi quando quatro espíritos se aproximaram do prisioneiro e começaram a agredi-lo ainda com mais força.

Dois deles traziam chicotes e, sem piedade nenhuma, surravam o homem que se mantinha ajoelhado e preso por cordas amarradas em seus pulsos, que estavam sustentados por outros dois espíritos que o mantinham em posição de sofrimento.

O espancamento não parava.

Meu coração sofria por estar ali vendo tudo aquilo e nada poder fazer, mas mantive-me como médium, apenas observando e escrevendo toda aquela cena.

Após horas de ofensa e espancamento e do pobre homem ter desfalecido, chegou ao lugar uma carroça bem antiga, daquelas com uma jaula na parte de trás.

O homem foi jogado lá dentro, e a carroça deixou o local.

A festa continuou como se nada tivesse acontecido, ou como se estivessem esperando a próxima vítima.

O grande líder, sentado em seu trono, era servido por mulheres que lhe traziam bebida e fumo.

– Podemos ir, Osmar.

– Não veremos mais nada?

– Por ora, não. Eu te trouxe aqui para que você relatasse parte do que iremos ver mais à frente.

– Meu Deus, tenha piedade desses espíritos.

– Ele tem, Osmar, Ele tem…

– Por que existem esses lugares, Lucas?

– Não foi Deus quem os criou, podes ter certeza disso.

– Não?

– Não. Isso que você vê aqui é criação da mente dos espíritos. Somos nós que criamos esses ambientes na vida espiritual. Os espíritos se unem através de pensamentos, sentimentos e vibração, por isso, há vários lugares na vida espiritual; alguns, muito bons; outros, nem tanto… como esse que você acabou de visitar.

– Seria castigo de Deus, Lucas?

– Se Ele castigasse sua criação, Ele não seria Deus.

– Então, por que tudo isso?

– Para oportunizar os espíritos a evoluírem, Ele permite que tudo aconteça. Osmar, a morte não faz do espírito um prisioneiro, pelo contrário, a morte do corpo físico liberta o espírito, e, dessa forma, és atraído para o lugar que melhor condiz com seu estado no momento do desligamento da matéria. Aceite isso e tudo lhe será de mais fácil compreensão.

– Perfeição Divina, é isso?

– Sim, Ele é perfeito e deseja que todos os espíritos se tornem perfeitos, assim como Ele os fez.

– Agora começo a compreender tudo isso aqui.

– Você vai entender tudo, fique tranquilo.

– Estou tranquilo, embora cansado.

– Volte para sua vida e descanse. Em breve, te procuro para continuarmos.

– Obrigado, Lucas!

– Venha, vamos embora.

Deixamos aquele lugar e voltei para minha vida humana.

Eu estava realmente muito cansado. Ficar muitas horas em desdobramento cansa demais, saibam disso. Apesar do meu cansaço, a curiosidade sobre os próximos acontecimentos não me deixou dormir naquele dia.

> *Se a vida terminasse com uma só encarnação, qual seria o objetivo da vida?*
>
> Nina Brestonini

A chacina

Voltamos a nos encontrar alguns dias depois. Lucas me procurou no final do dia e me pediu para darmos continuidade a esta psicografia. Ele estava um pouco abatido e estranhei ao ver o Lucas assim.

– Como está, Osmar?

– Estou bem, Lucas, e ansioso para saber mais sobre essa psicografia. Perdoe-me o que vou perguntar, mas você está bem?

– Sim.

– Suas feições não demonstram isso, perdoe-me.

– Sabe, meu nobre escritor, nem sempre transparecemos o que realmente estamos vivendo. A vida espiritual não difere da vida humana. O que nos separa é a consciência de que sou eterno e a dúvida que vocês carregam sobre a vida eterna. No mais, todo o resto é igual.

– Você está bem?

– Sim, não se preocupe, estou bem.

– Perdoe-me a intromissão.

– Venha comigo, vamos dar prosseguimento ao nosso trabalho.

– Certo.

Em desdobramento, eu o segui.

Chegamos novamente à comunidade onde residem Lelei e sua família.

Ele estava mais uma vez sentado à mesa e jantando ao lado de sua mãe Helena.

– Está boa a comida, filho?

– Está uma delícia, dona Helena.

– Como foi o seu dia de trabalho?

– Hoje entreguei mais de trinta marmitas. Olha, mãe, o dia foi corrido.

– Que bom, meu filho. E você está gostando de trabalhar com isso?

– Mãe, não é o emprego dos meus sonhos, mas é o que tenho no momento para te ajudar e pagar a prestação da minha moto.

– A Laurinha esteve aqui te procurando.

– Encontrei-me com ela na rua hoje.

– Você está namorando com ela?

– Não, mãe, só estamos ficando.

– "Ficando" não é o mesmo que "namorando"?

– Não, mãe. Ficando é quando não temos compromisso.

– Não acho isso certo.

– Mãe, eu não tenho idade para compromisso, nem quero me comprometer com ninguém.

– Mas e os pais dela, o que acham?

– Não sei, não vou à casa dela. Quando tenho que encontrá-la, a busco na escola e ficamos juntos.

– Olha o respeito com a menina, Wanderley.

– Fique tranquila, mãe.

– Quando você terminar de jantar, coloca o prato na pia... vou sair.

– Vai aonde, mãe?

– Vou à igreja.

– Você se sente bem para ficar andando por aí a uma hora dessa?

– Por incrível que pareça, meus exames mostraram que estou melhor a cada dia.

– Que bom, mãe. A senhora nem me falou nada.

– Peguei o resultado hoje... e sabe que estou bem feliz de estar melhorando.

– Então, vá mesmo à igreja para rezar, mamãe.

– Eu vou, mas não vou demorar.

– Vou acabar de comer e vou sair.

– Vai para onde?

– Vou me encontrar com os meus amigos aqui na rua mesmo. Pode ficar tranquila, porque não vou sair de moto. Não vou para longe.

– Mesmo aqui na rua, fique atento, pois ontem mesmo nós ouvimos uns tiros.

– Fique sossegada. Vou ficar na rua conversando com alguns amigos, só isso.

Helena se levantou, beijou Lelei, pegou sua Bíblia e saiu em direção à igreja que ficava apenas a duas quadras de sua casa.

Após o jantar, Lelei escovou os dentes e saiu para a rua para encontrar-se com seus amigos.

Logo que chegou à esquina, estavam sentados na calçada os amigos Hugo e Leonardo.

– E aí, rapaziada?

– Fala, Lelei!

– Qual a novidade, moçada?

– A barra tá pesada, irmão.

– O que houve?

– O bicho pegou ontem na rua de trás.

– É... a minha mãe comentou comigo que ouviu alguns tiros.

– Prenderam o Jonas e mataram o moreno.

– Sério?

– Sério. Os homens chegaram aqui cheios de ódio.

– E agora?

– Agora tem um pessoal novo aí que assumiu o tráfico.

– E as marmitas, Lelei? Dá para ganhar uma grana nessa parada? – perguntou Hugo.

– Cara, hoje eu tirei uma grana legal.

– Pô, mano... falei para a minha mãe que também estou querendo comprar uma moto para trabalhar com isso aí.

– É uma boa... enquanto não arrumo nada melhor, vou tocando a vidinha nessa onda aí.

– Que horas tem aí, Hugo?

Olhando para o relógio, o rapaz respondeu:

– Onze horas, irmão.

– Está cedo ainda... – disse Jonas.

– É que tenho que acordar cedo amanhã.

– Vamos ficar mais um pouco. A sua mãe já passou em direção à sua casa, Lelei.

– Ué, nem vi.

– Ela passou com a sua irmã ainda há pouco.

Naquele momento, um carro escuro entrou na rua.

– Ei, rapaziada, olha que sinistro o carro que vem ali... – disse Jonas, desconfiado.

– Deve ser morador, relaxa! – disse Hugo.

Lelei ficou apreensivo, pois havia um comentário na localidade a respeito de um carro escuro com indivíduos que raptavam rapazes e, logo em seguida, eles apareciam mortos em outra comunidade.

Preocupados, os garotos se sentaram no meio-fio da rua e esperaram até que o carro passasse.

O pior estava para acontecer.

Lentamente, o carro chegou até os três rapazes e, dele, desceram Henrique e José Carlos, ambos apontando as armas para os garotos.

– Fiquem quietinhos aí, não se mexam – disse José Carlos se aproximando.

– Somos trabalhadores, senhor.

– Não te perguntei nada, seu imbecil!

– Ei, nós não somos imbecis, somos trabalhadores – disse Lelei.

– Trabalhadores não ficam essa hora na rua em frente à boca.

– Aqui não tem boca nenhuma não, senhor – afirmou Lelei.

– Ei, você não é o tal “Lelei”?

– Sou eu mesmo, senhor, eu entrego marmitas.

– Sei bem quais são as marmitas que você entrega – disse José Carlos.

– Entrem no carro! – ordenou Henrique apontando uma escopeta para os rapazes.

– Entrem logo! Ou querem morrer aqui mesmo?

Os rapazes se desesperaram e começaram a chorar.

A rua estava deserta. Na comunidade, ninguém se atrevia a sair de casa naquele horário.

Lelei lutou muito para não entrar no carro, mas todo seu esforço foi inútil.

Jonas foi colocado no porta-malas do carro, enquanto Lelei e Hugo se sentaram no banco de trás.

– Moço, pelo amor de Deus, não faça nada com a gente não…

– Nós só vamos ter uma conversinha… – disse Henrique.

– Mas nós somos trabalhadores, pelo amor de Deus! – implorou Hugo.

– Fiquem calmos, nós só queremos algumas informações.

Lelei tremia de medo sentado ao lado de Hugo, que começou a chorar prevendo o pior.

Após alguns quilômetros, José Carlos – que dirigia o veículo – parou o carro em um lugar ermo e escuro.

– Desçam do carro! – ordenou.

Os rapazes desceram e se agruparam com o intuito de se protegerem.

– Moço, por favor... nós não temos envolvimento com nada, somos trabalhadores.

– Me diz quem é que assumiu o tráfico? Diz logo, antes que eu perca a paciência.

– Não sabemos, não temos nada a ver com drogas.

– Todos vocês que moram ali são cúmplices do tráfico de drogas. Ou vai falar ou vai morrer, escolham.

– Mas não sabemos mesmo, não estamos mentindo.

José Carlos, então, pegou Jonas pelo braço e o afastou do grupo.

– Vejam o que vai acontecer com vocês, se não abrirem o bico.

Naquele momento, ele disparou vários tiros no menino, que caiu morto sem nenhuma chance.

Lelei e Hugo se desesperaram e começaram a chorar alto.

– Agora vocês choram? Cadê a valentia? Cadê as armas, seus vagabundos?!

– Moço, pelo amor de Deus, acredite em nós.

Henrique olhou para José Carlos já se afastando de todos. Inesperadamente, ele se virou e, com a escopeta, assassinou os dois meninos sem piedade nenhuma.

Lelei e Hugo tombaram sem nenhum sinal de vida.

Henrique e José Carlos entraram no carro e deixaram a localidade em alta velocidade.

Naquele momento, eu vi quando aqueles anjos que estavam na casa de Lelei cuidando de sua família se aproximaram dos corpos caídos. Junto deles, chegaram seis espíritos carregando macas. Todos estavam de branco.

Os iluminados se aproximaram, mas não despertaram os meninos. Lentamente, eles foram desligando seus espíritos dos corpos ainda quentes. Devagar, eu pude ver como eles realizavam esse desligamento.

Os fluidos saem dos corpos lentamente e reconstroem, na maca, o corpo fluídico dos garotos. Era como se fosse "construindo" vagarosamente um outro corpo, agora, sobre a maca.

Eu vi ali a condensação de um períspirito, que deixou o corpo sem vida no chão. Após esse processo, todos se dirigiram a um enorme túnel de luz que se abriu, e foram embora levando Hugo, Jonas e Lelei.

– Lucas?

– Sim.

– É assim com todos nós?

– Cada caso é um caso.

– Você pode explicar?

– Sim. Eles foram levados ainda desacordados para não sofrerem. Ficarão alguns dias nas enfermarias da colônia, onde receberão o tratamento adequado ao refazimento perispiritual, e, depois desse prazo, serão acordados e conscientizados da atual situação.

– Mas por que isso aconteceu? Por que Lelei morreu dessa forma?

– Você terá todas as respostas, fique tranquilo.

– E agora?

– E agora, o quê?

– O que vai ser de Helena e de Carol?

– Venha comigo.

Saímos da cena em que tudo aconteceu e voltamos à casa de Helena.

Ela estava dormindo em seu quarto, mas Carol estava inquieta, parecia que ela pressentia o que havia acontecido.

Sentada à porta de casa, Carol esperava ansiosa pelo retorno de Lelei.

– Meu Deus, onde será que está o meu irmão? Sinto algo muito ruim dentro de mim...

As horas passavam e nada do jovem chegar.

Carol saiu para tentar achar alguém ou mesmo saber onde poderia estar o seu irmão.

Busca em vão...

Já eram três horas da manhã, quando ela viu alguém se aproximando pela rua e decidiu ir ao encontro da pessoa para saber dela se tinha visto Lelei em algum lugar.

– Carol?

– Luiz!

– Poxa, Carol, eu estava indo até a sua casa.

– Pelo amor de Deus, o que houve?

Luiz pegou Carol pelos braços e a levou para se sentar na calçada da rua.

– Fique calma... nem sei como começar a te contar isso.

– Diz, Luiz, diz logo o que houve.

– Seja forte, Carol... mataram Lelei.

Carol desmaiou.

Luiz a pegou em seus braços e procurou ajuda.

Ele logo percebeu que a porta da casa de Carol estava aberta e adentrou no lugar com ela no colo.

Helena escutou o barulho e foi até a sala, onde Carol estava deitada.

Luiz estava na cozinha pegando um copo d'água.

– O que houve, Luiz? O que você está fazendo aqui?

– Dona Helena, é melhor a senhora se sentar.

– Meu Deus, o que houve com meus filhos?

– Senta aqui, dona Helena.

Helena se sentou já em lágrimas. Ela sabia que algo de muito ruim havia acontecido.

Carol acordou e se jogou nos braços da mãe.

– Mãe, mãe... mataram o Lelei, mãe.

– Meu Deus!...

Gritos e choro.

Logo, os vizinhos se aproximaram para ajudar Carol e Helena naquele momento tão difícil.

Todos ficaram consternados com o assassinato dos meninos.

Lucas e eu assistíamos a tudo perplexos com tamanha crueldade.

Não demorou e aqueles iluminados que tinham levado Lelei e os outros meninos até a colônia chegaram à casa de Helena e estenderam suas mãos sobre a fronte de mãe e filha, acalmando-as.

Todos sofriam naquele momento.

A pequena casa se encheu de pessoas revoltadas com tamanha maldade.

Os espíritos ocuparam todos os espaços daquele humilde lar, a fim de consolar tantas pessoas que sofriam naquele instante.

– Vamos, Osmar.

– Que coisa triste, Lucas.

– A humanidade está vivendo um momento muito ruim – disse o mentor se afastando de mim.

– E a espiritualidade superior sabe de tudo isso? – perguntei seguindo Lucas rapidamente.

– Sim. O governador espiritual da Terra tem plena consciência de tudo o que está acontecendo aqui.

– E por que Ele não faz nada? Por que Ele não interfere?

– Se Ele interferisse, Ele não seria Deus. Ele estaria tomando partido desse ou daquele. Vocês precisam crer que há vida depois da vida, e que tudo o que fazes aqui, terás que prestar contas na vida espiritual.

O livre-arbítrio é a base de equilíbrio nas encarnações. Quem melhor se utiliza dele, consegue alcançar as bases sublimes da espiritualidade.

O espírito está em provas e expiação, e o que vocês enxergam como tragédia, na verdade, são provas espirituais; alguns espíritos decidem passar por elas, a fim de aperfeiçoarem-se ou de resgatarem débitos existenciais. Dessa forma, nunca se deve julgar esse ou aquele, sem antes conhecer o passado espiritual de todos os envolvidos.

Nós já te mostramos que Carol e Lelei estão ligados por outras vidas, lembra?

– Sim, eles viviam naquela fazenda onde Carol foi assassinada.

Agora, vou te levar de volta àquela vida, pode ser?

– Sou todo seu, Lucas.

– Então, vamos voltar à fazenda?

– Vamos! – disse muito impressionado com tudo o que havia presenciado até aquele momento.

Seguimos para a fazenda.

> *"Deus dá aos seus melhores soldados as mais difíceis batalhas."*
>
> Daniel

De volta à fazenda

Chegamos num fim de tarde. Todos estavam reunidos em volta de uma grande mesa, na qual era servido o jantar.

Sentados à mesa estavam João, sua esposa e seu filho, que, agora, aparentava ter uns vinte e poucos anos.

Os escravos serviam a todos.

– Esse rapaz é o Lelei, Lucas?

– Sim, é ele.

– Cresceu...

Após o jantar, João se dirigiu ao seu quarto para descansar junto de sua esposa.

Jerônimo foi até a varanda, se sentou em uma confortável cadeira e ficou a observar o cair da noite.

Um escravo se aproximou e sentou-se em um degrau da escada que dava acesso ao lugar.

– Diga, Tarciso, o que quer?

– Tenho um assunto para conversar com o senhor, mas não sei se devo.

– Pode falar, homem.

– O senhor promete que não vai me castigar?

– Por que te castigaria, Tarciso? Você é meu amigo.

– É que o que vou contar pode aborrecer o patrão.

– Não vou ficar aborrecido, pode falar.

– Perdoe o que vou contar, patrão.

– Conte logo homem, que mistério...

– Sabe, senhor, há uma conversa na senzala sobre o homem que fez mal à sinhá Carolina.

– Como é que é? – perguntou Jerônimo já se levantando.

Assustado, o escravo continuou...

– Estão dizendo lá na senzala que foi o Chico quem fez o que fez com a sinhá.

– Chico, o cocheiro?

– Sim, ele mesmo, patrão, mas não diz que fui eu quem contou, por favor.

– Você tem certeza do que está dizendo?

– Sabe o que é, patrão, é que ele tentou abusar da escrava Elisa.

– Ele o quê?

– Ele estava escondido no cafezal, e, quando a escrava passou, ele a pegou com força e tentou fazer mal a ela.

– Como você sabe disso?

– Ela gritou, e nós largamos tudo o que estávamos fazendo e corremos para salvá-la.

– E ele?

– Correu mata adentro.

– E onde ele está?

– Está junto do Jordão.

– Você tem certeza do que está me contando?

– Olha, patrão, eu não contaria se não tivesse acontecido. Ele já tentou isso com várias escravas.

– E ninguém me contou nada sobre isso?

– É que o Jordão protege ele, senhor.

– Obrigado por ter me contado isso, Tarciso. Amanhã mesmo tomarei todas as providências, mas não se preocupe, pois não contarei nada aos meus pais sobre o que você me falou.

– O senhor promete que não vai contar que fui eu quem contou ao patrão, não é? Tenho medo da reação do Jordão, ele pode me matar.

– Pode ficar sossegado, pois não vou contar nada. E se ele tentar fazer algo contra você, por favor, me avise, pois o castigado dessa vez será ele.

– Obrigado, sinhô.

– Agora, vá descansar, Tarciso.

– Boa noite, patrãozinho.

– Boa noite!

Naquela noite, Jerônimo não dormiu. Pude ver que ele estava amargurado, só esperando o dia clarear para tomar as devidas providências.

Seria Chico o homem que matou sinhá?

Logo cedo, à mesa do café, Jerônimo falou com seu pai.

– Pai, preciso ter uma conversa com o senhor lá no escritório.

– Aconteceu algo?

– Sim, mas é assunto para o escritório.

– Assim que terminarmos o café, vamos conversar – disse João.

Jerônimo nem conseguiu tomar o desjejum; e seu pai percebeu que algo de grave estava acontecendo.

Sem tomar o café, Jerônimo dirigiu-se ao escritório para esperar pelo pai.

Após alguns minutos, João chegou para conversar com o filho.

– Senta, pai, preciso te contar uma coisa muito grave.

– O que houve, filho? Você parece preocupado, angustiado... o que está acontecendo?

– É um assunto muito sério, meu pai.

– Então diga, filho.

– É melhor o senhor se sentar.

João obedeceu preocupado com o nervosismo do amado filho.

– Nunca te vi assim... o que houve? – questionou.

– Ontem, quando estava na varanda, fui procurado por um de nossos escravos, que me contou que, na senzala, anda tendo uma conversa sobre quem matou a minha irmã.

– Mas já faz mais de seis anos que isso aconteceu... por que só agora esse assunto?

– Os escravos têm muito medo de contar o que sabem para nós.

– Mas por quê?

– Eles têm medo do Jordão.

– É certo que eles têm que ter medo dele mesmo.

– Sim, mas isso nos impede de saber tudo o que acontece na fazenda.

– O que eles estão dizendo?

– Eles afirmam que quem matou a minha irmã foi o Chico.

– O cocheiro?

– Sim, ele mesmo.

– E por que eles dizem isso?

– É que ele já tentou, diversas vezes, fazer o mesmo com as escravas.

– Você tem certeza disso, filho?

– Pai, vou ser muito sincero com o senhor… eu nunca gostei desse homem, nunca confiei nele.

João estava pensativo.

– O que o senhor vai fazer?

– Estou pensando…

– Pois, então, pense bem. Se esse homem matou mesmo a minha irmã, ele deve pagar.

– Chame o escravo José, por favor.

Jerônimo saiu do escritório e chamou o escravo, que estava sempre à disposição de João, pois era seu escravo de confiança e quem cuidava dos afazeres da casa.

José prontamente atendeu ao chamado do patrão.

– Bons dias, senhor.

– Bons dias, José! Vá chamar o Jordão para mim.

– Sim, sinhô.

José deixou o escritório e foi chamar Jordão em seus aposentos – uma pequena choupana um pouco distante, onde dormiam os capatazes.

Após algum tempo, Jordão apareceu.

Jerônimo estava sentado ao lado do pai em uma confortável poltrona. Ambos estavam na sala principal.

– Bons dias, meu senhor.

– Jordão, preciso ter uma conversa séria com você.

– Pois diga, patrão.

– O Chico cocheiro... há quanto tempo ele trabalha aqui na fazenda?

– Uns oito anos, senhor.

– Você nunca desconfiou que pudesse ter sido ele quem matou a minha filha?

– O Chico?

– Sim, o Chico.

– Senhor, o Chico é um homem calado. Ele quase não abre a boca para nada... cuida bem dos animais, mas nunca está por perto da sede da fazenda.

– Pois eu tive informações de que ele anda agarrando as escravas pelos matagais.

– Isso é intriga dos escravos, senhor, não dê ouvidos a isso.

Jerônimo interferiu.

– Jordão, hoje à tarde, eu quero que você reúna todos os negros no terreiro e traga também o Chico.

– Se é para fazer isso, eu farei, patrãozinho.

– Faça o que o meu filho ordena, Jordão.

– Pode deixar, patrão.

Jerônimo estava angustiado e ansioso para o encontro daquela tarde.

As horas passavam lentamente, até que Jerônimo e seu pai foram chamados à presença dos escravos e de Chico.

O terreiro estava lotado. Todos os escravos estavam perfilados à espera das ordens dos patrões.

Jerônimo passou entre as fileiras em silêncio, olhando fixamente para todos os escravos, até que chegou ao lado dos capatazes, e lá estava Chico, com a cabeça abaixada.

– Você é o Chico?

– Sim. O senhor não se lembra de mim?

– Me lembro, sim. É você que está tentando agarrar as escravas no meio do mato?

– Eu não faço isso não, senhor.

– Tem certeza de sua inocência?

– Sim, pode perguntar a todos, senhor.

– Alguém aqui tem algo a me dizer sobre esse homem?

– Todos permaneceram calados.

– Você sabe para que serve o tronco, Chico?

– Para castigar os escravos, senhor.

– Serve também para que, quem mente, fale a verdade – disse Jerônimo.

– Mas eu sou branco, e branco não pode ir para o tronco.

– É certo de que o tronco foi feito para os negros, mas, quando precisamos saber a verdade, é justo que os brancos também sejam açoitados, até que confessem seus pecados.

– Mas o senhor não vai fazer isso comigo, vai?

– Se você falar a verdade, eu não vou te colocar no tronco.

Chico ficou nervoso e começou a tremer.

João se aproximou e ordenou:

– Coloquem esse homem no tronco!

Os negros uivaram de alegria.

– Calem-se! – gritou Jordão.

Chico foi amarrado ao tronco.

Jerônimo se aproximou com um chicote nas mãos.

– Agora, você vai falar a verdade.

– Não precisa me bater, eu falo.

– Foi você quem matou a minha irmã?

– Eu não fiz por querer… ela lutou, se não tivesse lutado, eu não teria matado ela.

João pegou o chicote das mãos de Jerônimo e começou a golpear Chico com toda a força que o velho homem ainda possuía.

O pobre moribundo gritava a cada chicotada. O sangue começou a escorrer pela sua camisa branca.

– Eu vou te matar, desgraçado! – gritava João, sem parar com o espancamento.

Após algum tempo usando o chicote, João olhou para Chico, que já estava quase sem forças... foi quando Jerônimo se aproximou do pai e lhe tirou o chicote das mãos.

– Pai, pare com isso. De nada adianta matar esse homem, ele deve pagar pelo que fez na cadeia.

– Ele tem que morrer, filho.

– Deixe que eu cuido dele agora, pai... vá para dentro.

Amparado pelo capataz Jordão, João foi levado para dentro da sede da fazenda.

Às lágrimas, ele foi consolado pela esposa e pelas escravas que cuidavam da casa.

Após deixar João na sede, Jordão retornou ao local do espancamento e perguntou a Jerônimo o que devia fazer.

– O que o senhor quer que eu faça?

– Prenda Chico na senzala junto aos demais escravos e não o deixe sair de lá. Vá à cidade e chame o delegado para levar esse pobre homem para a prisão.

Não é a morte dele que vai trazer a minha irmã de volta. Ele deve pagar com a justiça o que fez a todos aqui.

E avise aos escravos que ele não pode morrer. Quero ele vivo e atrás das grades. Ele tem que apodrecer na cadeia, que é o lugar de homens como ele.

Todos estão dispensados.

Após a saída de todos, Jerônimo entrou em casa para saber de seu pai.

– Como está meu pai, José?

– Dei de comer a ele, senhor, e o coloquei em seu quarto.

– Cuide dele e da mamãe para mim, Jandira.

A mulher estava ao lado de José, muito triste em saber que a morte de Carolina não havia sido vingada pelo patrão.

– Pode deixar, senhor.

– Vou para o meu quarto.

– O senhor não quer algo?

– Não, só preciso descansar, obrigado!

Assim, naquele dia e ao lado de Lucas, eu pude rever o verdadeiro assassino da menina Carolina.

Lucas me deixou. Combinamos de nos encontrar no dia seguinte.

Eu estava muito ansioso para saber o desenrolar de toda aquela trama.

Quem era Lelei?

O que realmente iria acontecer com ele, após seu desencarne de forma tão violenta?

Por que ele morreu assim?

Essas eram as perguntas sem respostas que me angustiavam naquele dia.

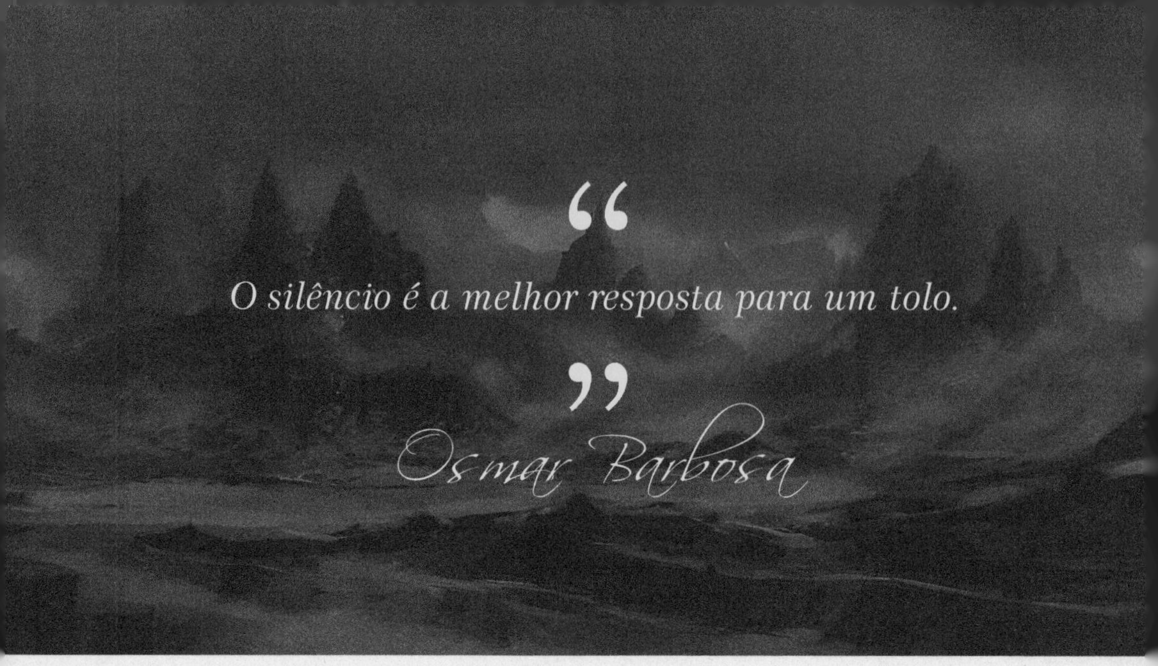

Outro dia

Logo cedo, Henrique foi acordado por Sandra.

– Bom dia, senhor, patrão, dono do mundo...

Henrique custou a entender o que Sandra dizia.

– Acorda, homem, quero te mostrar uma coisa.

Henrique se ajeitou na cama, ainda sonolento.

Sandra atirou sobre ele o jornal do dia.

– Olhe, olhe bem essa manchete.

No jornal, estava escrito:

“Jovens inocentes são assassinados brutalmente”

– Está lendo, Henrique?

– Estou, mas o que eu tenho a ver com isso?

– Deixa de ser cínico, homem... tenho certeza de que foi você e seus amigos que fizeram isso com os meninos.

– Eu?

– Sim, o senhor mesmo.

– Querida, são só três marginais a menos.

– Marginais? Todos os meninos eram trabalhadores, as famílias provaram isso. Um deles, o mais querido de todos, tinha acabado de comprar uma moto para entregar marmitas para ajudar sua mãe e sua irmã. Você não sente nada nesse coração não, Henrique? Você não tem sentimentos, homem?

– Não fomos nós... dessa vez, não.

– Tenho certeza de que foram vocês. E, olha, vou te avisar, estou com seis meses de gravidez e, quando essa menina nascer, você vai ter que deixar essa vida, porque se você não fizer isso, quem vai deixar essa casa sou eu e o Luiz. Estou avisando...

– Calma, Sandra, tenha calma... você não acredita em mim?

– Como acreditar em alguém que não tem sentimentos para com as pessoas? Como acreditar em alguém que, toda semana, sai por aí para matar inocentes? Eu não quero isso para a vida dos meus filhos. Fique o senhor sabendo: ou essa vida, ou seus filhos e eu. Quem escolhe é você.

– Sandra, são só alguns bandidinhos.

– Não eram bandidos, eram meninos bons.

– Não acredite no que os jornais dizem, meu amor.

– Não tem mais conversa. Ou você para, ou eu vou embora com as crianças.

– Tá bom, tá bom... vou conversar com a rapaziada e vamos dar um tempo.

– Tempo, não. É para parar de fazer isso.

– Está bem, meu amor. Vou parar. Agora, vem cá e me dê um carinho.

– Não tenho condição nenhuma de te dar carinho.

Sandra, muito nervosa, saiu do quarto e foi até a cozinha para beber um pouco de água.

Henrique se levantou, foi ao banheiro cuidar de sua higiene pessoal e se dirigiu à cozinha, onde Sandra estava sentada.

– Fez café?

– Está na garrafa térmica.

Henrique pegou uma xícara de café e sentou-se à mesa.

– Meu amor, não fique tão nervosa assim, isso vai acabar fazendo mal ao neném.

– Pois serei muito sincera... eu não deveria ter aceitado essa gravidez.

– Que isso, Sandra?! Que coisa horrível de se falar.

– Horrível é viver com um assassino.

– Sandra...

Naquele momento, ela se levantou e saiu da cozinha.

Henrique permaneceu sentado, deliciando-se do café da manhã.

Durante todo o dia, Sandra não dirigiu mais a palavra a Henrique. Após tomar seu café e trocar de roupa, ele visitou a obra das casas que estava construindo, foi à oficina resolver um detalhe em seu carro, e encontrou-se com alguns amigos.

Confesso que fiquei assustado com a frieza de Henrique.

A noite chegou e, novamente, ele se preparou para sair, mas, antes, foi até o quarto para se despedir de Sandra.

– Estou indo, amor.

Sandra sequer olhou para ele. Ela já não suportava mais a vida do marido. Seu coração de mãe sofria com os crimes cometidos por Henrique.

Naquele momento, uma verdadeira legião de obsessores acompanhou Henrique em sua saída.

– Veja, Lucas, quantos obsessores.

– São companhias comuns ao Henrique.

– Sim, já tinha reparado que ele sempre está acompanhado desses espíritos, mas, hoje, estou surpreso com a quantidade.

– Olhe agora.

Dois espíritos de luz se aproximaram de Henrique. Lucas e eu nos aproximamos também.

Henrique estava sentado em seu carro, pensativo. Ele não estava muito bem naquele dia.

Enquanto aguardava José Carlos, ele ficou ali refletindo sobre as palavras de Sandra.

Os dois amigos espirituais se aproximaram, e nós os acompanhamos.

– Olá, Lucas!

– Olá, Marcelino! Como vai, Antoni?

– Estamos bem! O que fazes por aqui?

– Estou acompanhando um escritor que está relatando em livro a vida de Henrique.

– Que bom! – disse Antoni.

– Apresente-nos o escritor – pediu Marcelino.

Aproximei-me ainda mais e, um pouco envergonhado, do pequeno grupo reunido.

– Esse é o Osmar.

– Olá, Osmar!

– Olá, senhores! Quero agradecer por essa oportunidade.

– Aproveite cada segundo das experiências que você está vivendo em desdobramento, para relatar a todos os seus leitores o que acontece com espíritos que decidem viver como esse nosso irmão – disse Antoni.

– Estou relatando tudo.

– Meu nome é Antoni.

– Muito prazer! – disse apertando sua mão direita.

– E eu me chamo Marcelino.

– Muito prazer! – repeti o aperto de mão.

– O que fazem aqui? – perguntou Lucas.

– Chegou a hora. Henrique vai desencarnar – disse Antoni.

– É hoje o dia?

– Sim, iremos acompanhá-lo até o momento derradeiro – disse Marcelino.

Naquele momento, a minha curiosidade não me deixou ficar calado.

– Perdoem-me a curiosidade, mas vejo que vocês são espíritos iluminados, então não estou entendendo por que irão acompanhá-lo...

– No momento exato da morte, todos os espíritos são assistidos. Quando não há familiares preparados para acompanhá-los, somos nós quem os ajuda.

– Mas quem são vocês?

– Somos missionários. Trabalhamos no posto de socorro intermediário.

– Posto de socorro intermediário? O que é isso?

– Há um espaço entre os planos espirituais e, nesse espaço, existem vários postos de socorro. Trabalhamos em um deles dando suporte aos desencarnes trágicos e àqueles irmãos que não são assistidos pelos familiares que se encontram na vida espiritual.

– Mas por que eles não são assistidos por seus familiares?

– Por motivos óbvios, como este que você está acompanhando. A decisão de fazer o mal afasta os benfeitores nesses momentos. A vida que esse irmão decidiu levar, o afastou totalmente da luz. A escuridão é sua companhia. Nem mesmo a chegada de outro filho fez com que ele mudasse de atitude e desviasse de seu ser espiritual os pensamentos ruins.

Foram tantas as oportunidades que ele teve de deixar essa vida para viver de forma mais humilde, mas ele as desprezou. A ganância e o querer sempre mais fizeram dele um homem frio e sem amor no coração, amando apenas aqueles que lhe serviam. Nem seus pais o procuravam; os amigos não existiam. Era famoso por ser cruel e assassino, e a fama lhe fez ser o que é. Agora, vai colher na vida espiritual os frutos da semeadura terrena – afirmou Marcelino.

– Vi que ele está sempre acompanhado de obsessores.

– São espíritos que se ligaram a ele pelas atitudes e pensamentos que ele mesmo emanou. Esses infelizes irmãos vagam pelo orbe terreno à procura de suas vítimas, que acabam cedendo e se ligando a eles através de atos, atitudes e pensamentos.

– Por isso ele vai morrer?

– Ele vai colher o fruto de sua semeadura. Todos chegam a este dia.

– E todos são assistidos por vocês?

– Nós só assistimos os desassistidos.

– Entendi. Quer dizer que vocês dão assistência àqueles que morrem solitários?

– Na verdade, não é somente isso. O nosso trabalho consiste em cuidar para que, no ato do desencarne, os irmãos sejam levados para o local correto.

– Local correto? Poderia me explicar melhor, Antoni?

– Como já disse, no momento do desencarne, todos os espíritos são assistidos. Alguns, por meio de seus familiares ou espíritos afins; outros, por nós, que temos de cuidar para que tudo se cumpra. O que você vai assistir e poderá relatar em seu livro é que Henrique vai desencarnar, e suas companhias espirituais vão tentar sugar seus últimos fluidos vitais. A nossa missão, nesse caso, é a de protegê-lo para que esses últimos fluidos vitais sejam a força energética que o levará para a região destinada a ele. Nós estamos encarregados de levá-lo para o lugar que tenha mais afinidade com seu perispírito, seu pensamento e suas energias.

– Agora eu entendi – disse.

– Nosso compromisso nessa hora tão importante é o de proteger e direcionar esse espírito para o lugar certo.

– E para onde ele vai?

– Para o Vale das Sombras.

– Meu Deus! Estive lá com o Lucas. O lugar é horrível.

– É o destino desse infeliz irmão.

– Meu Deus... – disse, antes de me calar.

Henrique estava com seu carro parado nas proximidades da casa de José Carlos.

Ele esperava pelo amigo.

José Carlos, então, se aproximou do veículo que estava estacionado numa rua escura.

– Olá, amigo! – disse ele do lado de fora do carro.

– Entre, Zé... preciso falar com você.

José Carlos deu a volta no veículo e sentou-se ao lado de Henrique, no banco da frente.

– O que houve? Que cara é essa?

– As coisas não estão nada bem lá em casa. A Sandra está pegando no meu pé.

– Normal, né, amigo.

– A manchete do jornal de hoje atrapalhou muito o meu dia também.

– Relaxa, daqui a pouco ela esquece.

– Irmão, acho que precisamos dar um tempo.

– Dar um tempo? E a grana que ganhamos?

– Ela está no sexto mês de gravidez... acho melhor dar um tempo.

– Se é melhor para você, tudo bem.

O que eles nem desconfiavam é que um grupo de marginais estava seguindo o carro de Henrique e já estavam prontos para dar o bote. Eles queriam vingança pelas mortes do dia anterior e só estavam esperando pelo encontro dos dois amigos.

Naquele momento, o grupo de homens se aproximou silenciosamente por trás do carro e, sem que eles conseguissem esboçar reação alguma, atiraram com armas de grosso calibre.

Henrique e José Carlos foram assassinados com vários tiros.

Foram muitos tiros.

Eu vi seus espíritos deixando os corpos ensanguentados. Os obsessores se aproximaram deles, mas Marcelino e Antoni tomaram a frente rapidamente e resgataram aquelas almas, levando-as para as profundezas do Vale das Sombras, em uma caravana de missionários do bem.

Lucas, ao meu lado, me conduzia pelas ruas sombrias do Umbral, até que eles foram deixados, totalmente desacordados, em um lugar escuro. Tudo aconteceu muito rápido, não dando chance aos inimigos espirituais.

– Missão cumprida, amigos! – disse Antoni.

– Vocês vão deixá-los aqui?

– Sim, agora eles precisam colher.

– Nosso compromisso é o de trazê-los para cá – disse Marcelino.

Lucas me protegia naquele instante. Ele ficou o tempo todo ao meu lado.

Deixamos o Vale das Sombras. Comecei a imaginar o que Henrique e José Carlos iriam passar nas mãos daqueles espíritos que eu tinha visto anteriormente.

Marcelino e Antoni se despediram de Lucas e foram embora.

– O que faremos agora, Lucas?

– Você poderá acompanhar tudo daqui por diante, Osmar.

– O que eu faço?

– Escreva! – disse Lucas.

– Lá vem você com essa frase.

– É que você se preocupa demais, Osmar.

– Eu sou assim, Lucas.

– Pois, não seja. Confie, siga, vamos em frente.

– Obrigado, Lucas!

– Não agradeça.

– Já sei.

– O que você sabe?

– Escreva, Osmar, escreva.

– Isso mesmo, escreva!

Nos despedimos com alegria.

> *"Porquanto todo aquele que pratica o mal aborrece a luz e não vem para a luz, a fim de que as suas obras não sejam arguidas; mas aquele que faz o bem chega-se para a luz, a fim de que sejam manifestas as suas obras, que têm sido feitas em Deus."*
>
> *João 3.20/21*

O Vale das Sombras

No dia seguinte, Lucas me procurou e me levou novamente ao Vale das Sombras. Estava tudo muito escuro e pouco podíamos ver.

Ao meu lado, ele me disse para ficar bem atento a tudo o que iria presenciar.

– Fique atento e anote tudo.

– Pode deixar, Lucas.

Jogados em meio a um lamaçal, Henrique e José Carlos ainda estavam desacordados. Seus corpos espirituais ainda estavam feridos pelos tiros que os levaram à morte. Pude ver os buracos das balas nos corpos dos dois.

Passou-se pouco tempo, até que, finalmente e lentamente, eles começaram a acordar.

– Henrique, Henrique... acorda, homem!

Após muita insistência de José Carlos, Henrique enfim acordou, mas muito assustado.

– Cadê eles?

– Eles quem?

– Os caras que atiraram em nós?

– Não sei... não deu tempo nem de pegar minha arma.

– Que lugar é esse?

– Não sei. Só sei que estamos mortos, irmão.

– Mortos?

– Sim, eles nos mataram.

– E a Sandra? E os meus filhos? Meu Deus, o que aconteceu?

– Eles se aproximaram do carro e atiraram em nós.

– Eu sei, eu vi... mas não estou morto.

– Estamos sim. Eu sinto que morri.

– Engraçado... também sinto que estou morto, mas estou vivo.

– Que lugar horroroso é esse?

– Cara, estou confuso.

– Desgraçados! Eles nos mataram – afirmou Henrique.

– Nem vimos eles chegarem.

– Nos pegaram de surpresa.

– E agora? O que vamos fazer?

Após muito esforço, Henrique se sentou em meio ao lamaçal.

– Estou todo sujo e ensanguentado, olha!

– Eu também estou cheio de furos pelo corpo.

– Foram os tiros, com certeza.

– O que vamos fazer?

– Vamos procurar por um lugar melhor... vamos sair dessa maldita lama.

Dessa forma, eles se levantaram com muita dificuldade e saíram para procurar um lugar mais seco em meio à escuridão.

– Não tem nenhum lugar seco aqui.

– Venha, vamos subir naquele monte ali – disse José apontando para um pequeno monte que havia à frente deles.

Uivos eram ouvidos.

– Que isso?

– Acho que são lobos.

– Que maldito lugar é esse?

– Deve ser o inferno.

– Inferno? Você acredita nisso?

– Sei lá, cara. Só sei que, no céu, nós não estamos.

– Que mané céu e inferno o quê, cara?! Eu não acredito em nada disso – disse Henrique, assustado.

– E essa escuridão? Será que não há luz em nenhum lugar aqui?

– Venha, vamos subir.

Henrique e José Carlos demoraram muitas horas para subir o monte, que parecia não ter pico.

– Que lugar maldito! Já faz não sei quanto tempo que estamos subindo este monte e ainda não chegamos à parte de cima deste lugar.

– Estou ouvindo vozes... – disse José Carlos.

– Vozes?

– Sim, ouça!

Após alguns segundos em silêncio, eles realmente confirmaram que eram vozes.

– Sim, tem uma algazarra aqui perto.

– Vamos em direção às vozes.

Caminhando lentamente, eles chegaram a uma clareira, onde tinha uma fogueira acesa e vários espíritos em volta dela se aquecendo.

– Olha! Tem gente ali...

– O que vamos fazer, Henrique?

– Não sei, cara... não sei se é seguro nos aproximarmos deles. Estamos sem armas, não temos como nos defender.

– Tem um pedaço de madeira aqui, olha!

Henrique se abaixou e pegou o pedaço de madeira que estava próximo a seus pés.

– Vamos devagar... – disse.

A passos lentos, eles se aproximaram do grupo.

Homens e mulheres estavam calados, apenas tentavam se aquecer do frio intenso que castigava o local.

– Não fale nada... vamos só nos aproximar e nos aquecer.

Henrique e José Carlos se aproximaram do grupo que sequer olhou para eles. Os dois se posicionaram ao lado dos outros espíritos, em busca de um pouco de calor que era emanado da madeira em chamas.

Eles se entreolharam à espera de algum contato.

Após alguns minutos, Henrique falou baixo com José.

– Esse pessoal é estranho. Eles sequer olharam para nós.

– Será que eles estão nos vendo?

– Sei não... estranho...

– Bom, pelo menos o frio passou. Essa fogueira nos salvou.

– Sim, está bem melhor aqui. Parece que o frio está aumentando.

– Eu também percebi isso... desde o momento em que acordamos, o frio só tem aumentado.

– É verdade.

– Tenta puxar assunto com esse cara aí do seu lado.

– Eu?

– Sim. Fala com ele, vê se ele responde.

– Tem certeza?

– Se você não falar, eu falo.

Sem jeito e com receio da resposta, Henrique indagou um homem velho que estava de pé ao seu lado.

– Amigo?

O silêncio era total.

– Amigo, ei...

Após alguns minutos...

– Ele não responde, José.

– Deve ser surdo.

– Tenta com essa mulher aí do seu outro lado.

– Ei, moça... moça?

– Ela também não me ouve.

– Será que estamos invisíveis?

– Claro que não! Estou te vendo e vendo eles.

– Cale essa boca, seu verme! – disse o velho, ao lado.

Henrique e José se calaram imediatamente.

Após alguns minutos, eles se entreolharam assustados com tudo o que estavam vivendo naquele momento.

Henrique tomou coragem e perguntou ao velho.

– Senhor, perdoe-me perguntar, mas nós acordamos aqui ainda há pouco e gostaríamos de saber que lugar é esse?

– Este é o maldito lugar que vocês carregam por dentro.

– Lugar que carregamos por dentro? Como assim, senhor?

– Eu não sou seu empregado e não vou te responder mais nada.

– Ok, ok, sem problemas... nós não queremos confusão – disse José.

– Vocês já fazem parte da confusão e se querem um conselho: sumam daqui, antes que eles cheguem! – disse a mulher logo ao lado.

– Sumir daqui? Como assim, moça?

– Eles logo virão até aqui para pegar vocês.

– Eles... quem?

– As suas vítimas.

– Nossas vítimas?

– Sim, eles só estavam esperando vocês chegarem.

José se assustou com a informação. Naquele momento, pela primeira vez, ele sentiu o medo de estar vivo. Um filme passou pela cabeça de Henrique e de José Carlos. Eles se lembraram de todos os assassinatos que tinham cometido e, agora, temiam pela vida deles.

– Zé?

– Oi.

– Acho melhor a gente sair daqui.

– Também acho, mas está tão frio... para onde iremos?

– Qualquer lugar que não sejamos encontrados.

– Você acredita mesmo no que essa mulher está falando?

– Eles são daqui. Nós chegamos agora, então se ela diz que seremos caçados, acho bom a gente fugir.

– Mas fugir para onde? Não conhecemos este lugar.

– Cara, não sei para onde, só sinto que devemos fugir o mais rápido possível.

– Acho que devemos nos esconder.

– Esconder? Onde?

– Eu vi algumas cavernas do outro lado da subida. O mais certo agora é nos escondermos e darmos um tempo, até que a poeira assente.

– Cara, mal acordamos e já estamos em perigo novamente.

– Venha, vamos para as cavernas – disse Henrique.

Mesmo temeroso, José seguiu o amigo para longe da fogueira e daqueles que os aconselharam a sumir.

Caminharam novamente em direção ao monte, até que encontraram algumas cavernas e, nelas, se abrigaram.

– Nossa! Que frio faz aqui.

– Não temos como fazer fogo e, se fizermos, seremos descobertos.

– Estou congelando.

– Eu também.

– O que iremos fazer?

– Esperar um pouco. Quem sabe alguém aparece para nos ajudar?

– Ajudar? Quem viria socorrer dois malditos assassinos?

– Não faço ideia. Mas temos que ter esperanças de que seremos ajudados.

– O que houve, Henrique?

– Sandra.

– Poxa vida, eu nem tinha pensado na minha família. Estou tão desesperado com esse frio que sequer pensei na minha esposa e nos meus filhos.

– Posso te confessar uma coisa?

– Claro, Henrique.

– Eu devia ter ouvido a minha mulher.

– E eu devia ter ouvido a minha mãe, que sempre condenou o meu modo de vida. Ela sempre dizia que eu iria pagar pelos meus crimes quando morresse, e agora vejo que ela tinha razão.

– O que será que está acontecendo lá em casa agora? Como eu gostaria de estar vivo ao lado da Sandra e do meu filho, e ainda do neném que vai nascer.

– Nós erramos muito, amigo.

– Eu só queria mais uma chance, só uma.

– Está arrependido?

– Muito. Se eu soubesse que não iria morrer e que acordaria num lugar como esse, eu não teria feito nem a metade do que fiz.

– Eu também.

O silêncio tomou conta do lugar.

Henrique e José Carlos estavam muito arrependidos da vida que tinham levado.

– Veja, Osmar, perceba como está o coração desses irmãos neste momento.

– Estou vendo, Lucas… como estão arrependidos.

– Este é o sentimento mais comum aqui. Todos têm algo do que se arrepender. Reflitam muito sobre as decisões que vocês tomam no dia a dia, pois elas serão o grande "juiz" de todos vocês quando chegarem à vida espiritual.

Não há sentido na vida, se não houver uma continuidade e, sendo a vida espiritual a colheita das experiências terrenas, aproveite cada oportunidade que tiveres para modificar sua caminhada.

– Grande conselho, Lucas!

– Faça isso e você nunca passará por lugares como este.

Há muito sofrimento aqui no Vale das Sombras. Assim como todas as demais estações espirituais, ele é subdividido para receber variada vibração espiritual. Do outro lado do Vale, há um lugar que chamamos de 'Universidade', que é onde espíritos de grandes filósofos, teólogos, cientistas, políticos e outros grandes nomes ligados ao conhecimento e à cultura, se deixam ficar, julgando-se verdadeiros donos da verdade, não obedecendo às Leis Crísticas. Eles atuam sobre espíritos que estão ligados a eles através das ideologias, de modo que conseguem influenciar esses irmãos ao ponto de trazê-los para cá após o desencarne. A influência é tamanha, que esses infelizes conseguem até aumentar seus seguidores, formando verdadeiras legiões que habitam o Vale das Sombras.

– Meu Deus!

– Uma das mais perigosas e atuantes legiões daqui é a dos Falcões. A influência dos espíritos do Vale das Sombras, se faz, na Terra, de várias maneiras: ensinam a fabricação de armas potentes, estimulam as guerras e as revoluções, as ditaduras e os impérios, além de provocarem fenômenos de comunicação que são gravados em vídeos e em áudios, sabendo exatamente como manipular os encarnados. Escravizam outros espíritos e provocam sua modificação de diversas formas. Fazem mistificações, incorporando em centros espíritas, como se fossem Espíritos de Luz, com as mãos abertas e comunicando mensagens enganosas.

– Jesus!

– Quando um grande intelectual ou cientista desencarna e ainda não foi atuado pelo Vale das Sombras, legiões tentam capturar aquele espírito que, caso tenha o merecimento, será protegido pelos Espíritos de Luz. Por isso, a necessidade da evangelização em todos os sentidos. O que os torna vítimas desses algozes é exatamente a invigilância. Todos vocês devem sempre se preocupar em evangelizarem-se. A prática do Evangelho afasta todo o mal existente nas esferas inferiores da Criação.

Portanto, orem sempre...

– Nossa, Lucas, não sei o que seria de nós sem a orientação de vocês.

– Por isso e para isso é que os espíritos estão entre vocês. Não temos outro propósito, senão o de auxiliar nossos irmãos a evoluírem.

– Devemos sempre agradecer a vocês, Lucas.

– Não agradeça aos espíritos, porque é por meio dessas experiências que nós também estamos nos reformando. Eu também aprendo quando tenho uma oportunidade como essa. Agradeça ao Criador.

– De qualquer forma, obrigado, Lucas!

Naquele momento, Lucas olhou carinhosamente para mim e disse:

– Vamos?

– Para onde?

– Venha comigo.

– Para onde iremos?

– Confie em mim.

Deixamos o Vale das Sombras.

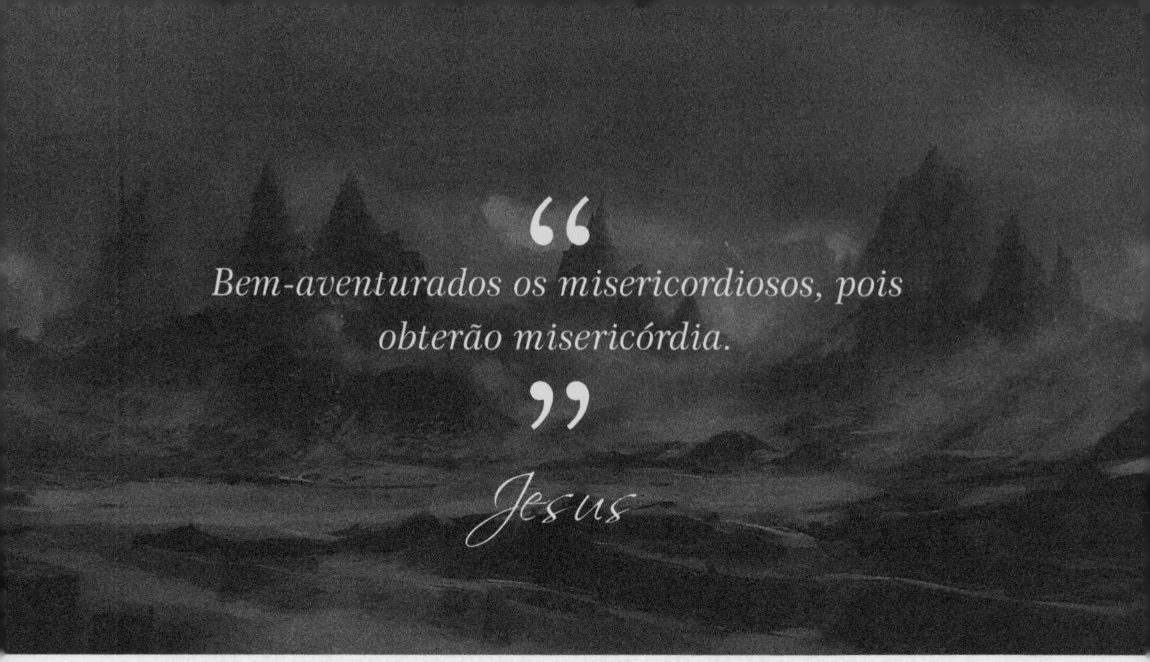

> *Bem-aventurados os misericordiosos, pois obterão misericórdia.*
>
> Jesus

A justiça de Deus

Lucas me levou até as cavernas onde estavam Henrique e José Carlos.

Eles estavam bem abatidos. Seus corpos definharam, e os dois estavam magros e sem vida. Pareciam zumbis – temerosos do lugar em que se encontravam.

Tudo estava ainda pior de quando os vi pela última vez. Nos aproximamos, mas não fomos percebidos por eles.

– Henrique?

– Sim.

– Precisamos sair daqui. Temos que procurar ajuda – disse José Carlos.

– Ajuda? De quem? Só escuto lamentações e o choro das pessoas. Você não ouviu ainda há pouco o barulho de carroças passando na estrada abaixo? Você não escutou que eles gritavam desesperados para não serem capturados?

– Ouvi, sim, mas temos que fazer algo, não podemos ficar aqui pelo resto da vida.

– Não me sinto seguro em sair daqui.

– O que vamos fazer, meu amigo? Não suporto mais viver aqui.

– Não faço ideia. Tenho medo do que possa acontecer conosco se sairmos daqui.

Naquele momento, ouvimos várias carroças – que são equipadas com jaulas, como as que tínhamos visto anteriormente –, promovendo uma perfeita baderna nos arredores das cavernas, onde alguns espíritos se escondiam para não serem capturados.

– Você está ouvindo?

– Sim, ouço.

– Quem será que são esses homens? O que será que eles querem capturando as pessoas que se escondem aqui?

– Provavelmente, são espíritos que querem vingança.

– E você acha mesmo que devemos sair daqui? – perguntou Henrique.

– Até quando vamos ficar escondidos aqui? Já está na hora de encararmos a nossa realidade, você não acha? Já que não morremos quando fomos "assassinados", não custa nada tentarmos sair daqui.

– Não temos como nos defender desses algozes.

O som de passos vindos em direção à caverna foram ouvidos.

– Esconda-se! Está vindo alguém em nossa direção.

Um vulto de um homem alto caminhava em direção à caverna em que Henrique e José se encontravam. O medo tomou conta de ambos.

– Esconda-se! – disse Henrique, muito assustado.

Eles, então, foram para o fundo da caverna e se agacharam para não serem vistos.

O homem entrou no local, mas não percebeu que havia alguém escondido ali. Ele entrou esbaforido e se abaixou, fugindo de alguns espíritos que o perseguiam.

O silêncio tomou conta do lugar.

Após algum tempo, os caçadores desistiram de procurálo e se afastaram.

Henrique esperou algum tempo e, depois, se aproximou do estranho que tremia de frio.

Era um homem magro, alto e de cabelos longos. Ele estava muito malvestido, pois, suas roupas, na verdade, eram farrapos que cobriam o corpo frio.

Quando percebeu que havia mais alguém junto dele na caverna, ele se desesperou.

– Por favor, não faça nada comigo, por favor...

– Calma, nós não vamos lhe fazer mal.

– Eles querem me pegar.

– Quem quer te pegar?

– As vítimas.

– Vítimas?

– Sim, os caras que eu matei quando estava vivo.

– Você foi um assassino?

– Sim, eu era presidiário e os matei na prisão.

– Me conte essa história – pediu José, se aproximando do moribundo.

– Qual é o seu nome, amigo?

– Eu me chamo José, e esse aqui é o meu amigo Henrique.

– Conte o que houve... e quem são esses caras que querem te pegar?

– Meu nome é Flávio, vulgo Vermelho. Eu fui bandido na minha última vida e, quando fui preso, recebi ordens do comando para executar alguns desafetos nossos que estavam no mesmo presídio.

– E o que você fez?

– Cumpri com as ordens e matei todos eles com a ajuda de alguns companheiros da mesma facção criminosa.

– E você pode vê-los aqui?

– Sim, eles estão aqui. Estão organizados e capturam aqueles que fizeram mal a eles para torturá-los ainda mais.

– Há quanto tempo você está aqui?

– Não sei bem, mas faz bastante tempo.

– E por que eles querem te pegar? – perguntou Henrique.

– Eles querem vingança.

– Vingança de quê, já que estamos mortos?

– Meu amigo, você não faz ideia do que é isso aqui... pelo visto, vocês chegaram agora.

– Chegamos há alguns dias.

– Meu irmão, isso aqui é pior que o inferno. Eles nos capturam e nos levam para o grande armazém. Lá, eles amarram a gente em um tronco, como aqueles em que amarravam os escravos, e nos chicoteiam até a segunda morte.

– Segunda morte? Que raios é isso?

– Você nunca ouviu falar da segunda morte?

– Existe isso? – perguntou José.

– Eu vou te explicar do jeito que me foi explicado.

– Explique, por favor – disse Henrique.

– Eles têm conhecimento suficiente para desintegrar nosso corpo espiritual, este pelo qual estou falando com vocês. Quando a gente morre na Terra, o corpo que nós apresentamos aqui, eles chamam de perispírito, que nada mais é que uma cópia original do nosso corpo físico de lá da Terra. Os líderes deste lugar encontraram um jeito de realizar a destruição total desse corpo, fazendo com que nos tornemos espíritos sem forma; eles dizem que isso é 'ovoidização'.

– Que será isso?

– O nosso corpo fica em um formato ovoide, ou seja, um ovo, sem sentimentos e sem emoções.

– Mas como eles conseguem isso?

– Não sei explicar. Só sei que eles conseguem desintegrar o nosso corpo espiritual. Segundo o que eles dizem, o nosso espírito é eterno, mas, o corpo espiritual, sofre alterações durante o processo evolutivo.

Esse corpo que apresentamos agora, conhecido como perispírito e psicossoma, é uma espécie de envoltório semimaterial que ligava o nosso espírito ao corpo humano que perdemos na vida na Terra.

Eu já estou aqui há bastante tempo, só que eles não tinham me reconhecido. Foi quando o líder de todos fez com que eles se lembrassem de mim e, desde então, eu vivo fugindo para não ser capturado.

– Nos explique um pouco mais sobre a nossa forma atual, isto é, a que carregamos agora.

– Eu conheci um cara, que se diz ser um espírito um pouco mais evoluído, que me explicou que este corpo é a condensação do que fomos na vida terrena, ou seja, é a soma dos nossos sentimentos, atitudes e da nossa crença.

Quanto mais o espírito se purifica, mais eterizada se torna a essência do nosso perispírito. Além, é claro, da soma do mundo em que vivíamos; tudo isso, molda esse nosso corpo atual.

Tudo o que somos e fizemos está somatizado nesse momento.

– O que acontece se nos tornarmos ovoides?

– Meu amigo, a ovoidização, quando ocorre, é considerada um dos maiores sofrimentos do espírito após a morte. A estrutura perispiritual do psicossoma se desfigura completamente, desfazendo a conformação humana, adquirindo o formato aproximado de um ovo, cujas dimensões se aproximam as de um crânio infantil.

– Isso sim é que é castigo – disse José.

– Imagina se tornar um ovo? – disse Henrique, espantado.

– E como saímos dessa enrascada, Vermelho?

– Eu não sei direito... o que sei é que nós precisamos ser salvos por algum espírito que nos ame. Somente um benfeitor espiritual tem poder sobre este lugar.

– Eu acho que as poucas pessoas que ainda me amam estão vivas na Terra – disse Henrique.

– Eu nem sei se tem alguém que me ama – disse José Carlos.

– Temos que fugir, pois eles estão muito próximos de nós e logo vão nos procurar nas cavernas.

– E para onde vamos?

– Vamos para o lago.

– Lago?

– Sim, o lago é um lugar no qual eles não conseguem ir, devido às carroças.

– Vamos, Zé?

– Vamos fugir o mais rápido possível – disse Vermelho.

– Olhe aí fora, veja se já podemos sair – ordenou Henrique.

Flávio saiu da caverna se arrastando para não ser visto e retornou do mesmo jeito.

– Eles estão perto, mas, se nos arrastarmos, conseguiremos sair sem sermos percebidos. Não podemos fazer barulho nenhum.

– Vamos, Henrique?

– Vamos!

Rastejando, os três deixaram a caverna e seguiram por uma trilha estreita que os levou para longe do grupo caçador.

– Cerquem o lago! Ele deve estar indo para lá... – gritou o líder do grupo do alto de sua carruagem.

– E agora, o que faremos? – perguntou Henrique.

– Vamos continuar... vamos conseguir – disse Flávio, que seguia à frente do grupo fugitivo.

Soldados armados com lanças afiadas e portando chicotes às mãos, percorriam todas as trilhas que levavam ao grande lago de lama negra.

– Venham! Não façam barulho – disse José.

– Verifiquem todos os caminhos! – gritava o líder em voz alta.

Eram dezenas de soldados a procurar pelo fugitivo.

Todo esforço foi em vão. Os soldados encontram os três miseráveis sem dar a eles nenhuma chance de fuga.

– Achamos eles, senhor!

– Seu imbecil! Achou mesmo que não iríamos te encontrar, seu desgraçado? – disse o líder do grupo.

– Pelo amor de Deus, não façam nada comigo – implorou Flávio, se levantando.

Henrique e José continuavam a se rastejar, na esperança de não serem vistos.

– Senhor, ele tem companhia.

– Tragam todos!

Rendidos, Flávio, Henrique e José Carlos se entregaram aos homens que os caçavam.

– Quem são vocês? – quis saber o chefe do bando.

– Nós não o conhecemos – disse Henrique.

– Eu perguntei quem são vocês?

– Eu me chamo Henrique.

– E você, quem é?

– José Carlos.

– Pelo visto, são assassinos como esse verme aí.

– Não somos assassinos.

– E o que fazem aqui?

– Estávamos dentro da caverna, e ele nos disse para sairmos de lá.

– Prendam todos! Algeme-os, e vamos levá-los para o armazém – ordenou.

Sem ter como reagir, todos foram colocados dentro da jaula de uma das carroças, e foram levados algemados com as mãos para trás.

– O que será que esses caras vão fazer conosco? – perguntou José.

– Eles não nos conhecem – disse Henrique.

– Rezem para que, no armazém, não tenha ninguém que conheça vocês – disse Flávio.

– Acho que não seremos reconhecidos – disse Henrique, confiante.

A caminhada até o armazém foi lenta, pois a estrada escura e lamacenta não permitia velocidade.

Henrique permaneceu calado, enquanto, José, não conseguia esconder o medo.

O armazém estava repleto de espíritos à espera dos caçadores, que, quando eram avistados, dava início a algazarra.

Todos gritavam: “morte aos miseráveis!”.

Jovens mulheres, senhoras, senhores... todas as espécies de espíritos estavam à espera do grande líder.

Logo ao chegar, a carroça com os prisioneiros foi posicionada no centro do lugar. O grande líder desceu de sua carruagem e seguiu em direção ao grande trono, no qual se sentou e foi devidamente servido por duas jovens de um líquido que lhe saciou a sede.

Todos estavam em alvoroço.

Flávio foi o primeiro a ser retirado da carroça e amarrado ao tronco. Havia mais oito troncos à disposição dos carrascos que aguardavam sedentos por suas vítimas.

Trajando roupas medievais, os homens tinham em suas mãos grandes machados – daqueles que observamos em livros e que eram usados para decepar a cabeça das vítimas.

– Deus, tenha piedade de nós! – clamou José Carlos.

– Nunca procuramos Deus para nada – disse Henrique.

Flávio implorava por sua vida, mas de nada adiantou seu esforço.

– Agora, você vai pagar pelo que nos fez, seu desgraçado! – gritou um homem, ansioso pela chegada de Flávio.

– Morra mais uma vez, seu miserável! – gritou uma mulher.

– Morte a esse maldito! – gritavam alguns.

– Como se sente agora, Vermelho? Como é estar no lugar daqueles que você matou? – perguntou o grande líder.

– Me perdoem, por favor! – gritava Flávio.

– Aqui é o lugar onde todo valentão passa a ser mulherzinha.

Todos riram.

O carrasco então se aproximou e, após uma autorização visual do mestre, começou o espancamento.

O chicote foi a primeira arma a ser usada.

Pude contar quatro carrascos espancando Flávio ao mesmo tempo. Seu corpo estava em pedaços após mais de meia hora de espancamento. Até que o líder fez um gesto com as mãos para que as chicotadas fossem cessadas.

Todos ficaram em silêncio, naquele momento. A única coisa possível de ser ouvida era Flávio gemendo de dor. Seu gemido era baixo e sofrido. Ele havia sido espancado com muita crueldade.

– Levem ele para a gravata vermelha.*

Todos gritaram em comemoração às ordens do líder.

Lutando com as poucas forças que tinha, Flávio não conseguiu se livrar de sua morte. A cabeça, depois de arrancada, foi posta em um saco preto e levada para bem longe do lugar em que estávamos. O corpo foi jogado atrás do armazém, em um local cheio de bichos estranhos – que pareciam aguardar pelos restos para se alimentarem. Eles

---

* "Gravata Vermelha" ou "degola" é o corte realizado no pescoço, de um lado ao outro. Foi muito realizado na Revolução Federalista no Rio Grande do Sul. É uma maneira de humilhar ou intimidar o inimigo em uma guerra.

pareciam uma mistura de cães com lobos; eram criaturas terríveis, que babavam esperando pelos restos de Flávio.

Naquele instante, todos os olhares se voltaram para Henrique e José.

– Matem eles! – gritava a multidão.

– Morte a eles! – pediam outros.

O líder, então, pediu que Henrique e José fossem retirados da jaula e colocados próximos ao tronco.

– E vocês, quem são?

– Somos uns infelizes que nunca rezamos para um dia não estarmos aqui – disse José.

– Deixe-me te dizer uma coisa, meu nobre, aqueles que rezam também vêm para cá. Não me venham com mentiras... ou fala a verdade ou morre igualmente àquele tolo que acabamos de matar.

– Nós éramos assassinos! – disse Henrique, em voz alta.

– Assassinos?

– Sim. Infelizmente, nós não sabíamos que a vida continuava após a morte, nem nunca ouvimos falar disso, e, se ouvimos, nunca demos ouvidos às religiões.

– Muito bem! Eu gosto de homens assim: corajosos e que falam a verdade. – Qual é o seu nome?

– Eu me chamo Henrique.

– E seu amigo, como se chama?

– José Carlos, senhor.

– Quer dizer que vocês matavam as pessoas, é isso?

– Fazíamos o trabalho sujo que ninguém queria fazer.

– Vocês nunca ouviram falar em justiça divina?

– Sinceramente, nunca acreditamos nisso.

– E, por não acreditarem n'Ele, estão aqui, é isso?

– Não sei como viemos parar aqui. Fomos mortos e acordamos aqui.

– Para este lugar, só vêm as piores espécies de homens. Os bons não encontram esse destino.

– Eu conheço esse verme! – gritou um homem no meio da multidão.

– Aproxime-se, irmão.

– Eu conheço esse canalha. Ele matou minha irmã e meu irmão.

– Você reconhece esse homem, Henrique?

Após uma pequena pausa...

– Não, senhor.

– Eu também os conheço – disse uma mulher se aproximando.

– De onde você os conhece, irmã?

– Eles mataram o meu único filho, e foi por isso que me entreguei às drogas e ao crime.

– Pelo visto, os amigos são conhecidos por aqui.

– Eu não conheço essa mulher – disse José Carlos.

– Os que estão aqui, estão à espera de seus algozes, só para vocês saberem. Quem está aqui fica impedido de mentir. Sendo assim, o que vale para nós é a palavra desses irmãos que os acusam.

– E quem poderia nos defender dessas acusações?

– As atitudes que vocês tiveram quando encarnados; elas são a defesa de vocês aqui. E, pelo visto, os amigos aí não fizeram coisas muito boas.

– Nós somos inocentes.

– Inocentes?

Todos gargalharam.

– Aqui não há inocentes. Todos são culpados e devem pagar pelos seus erros. Amarrem-nos no tronco! Que comece a festa!

Henrique e José Carlos, após lutarem muito, não conseguiram se livrar do tronco.

– Amarrem bem forte!

Felizes, os carrascos amarraram os dois com muitas cordas, em troncos lado a lado.

– Que comece a diversão! – ordenou o chefe.

O espancamento teve início.

Os gritos de dor podiam ser ouvidos a distância.

Sem interrupção, várias chicotadas foram dadas nos condenados.

Henrique perdeu as forças e suas pernas bambearam em direção ao solo.

José Carlos mal conseguia ficar de pé.

O espancamento não cessava, e os algozes não davam trégua ao sofrimento dos amigos.

Quando, de repente, uma intensa luz invadiu o lugar.

Todos se assustaram e correram. Alguns, se ajoelharam diante de tamanha clareza que invadiu o armazém. De dentro da luz, saíram alguns espíritos iluminados.

Naquele instante, o grande líder se sentou em seu trono, à espera dos visitantes. E, no mesmo momento, os carrascos também se afastaram de suas vítimas e se posicionaram ao lado do trono, para proteger o amado chefe.

Quatro espíritos de luz se aproximaram do palanque.

Dois enfermeiros, altos e fortes, seguiram até o tronco em que Henrique estava amarrado e soltaram as cordas que o prendiam.

Henrique, muito machucado, não entendeu o que estava acontecendo, mas cedeu à ajuda dos espíritos que ali chegaram.

Na hora, reconheci dois deles... eram Carolina e Wanderley. Ao lado deles, uma mulher de aura muito grande, e um senhor de barba branca, se aproximaram do palco em que estava o líder sentado em seu trono, e disseram:

– Viemos buscar este irmão.

– Vocês não se cansam de se meter em nosso trabalho?

– Estamos cumprindo ordens superiores. Este homem precisa ir conosco.

– Podem levar, ele não vai nos fazer falta.

Lelei pegou Henrique em seus braços e o colocou em uma maca que havia sido levada até lá pelos enfermeiros.

Carolina, ao lado do irmão, auxiliara no amparo amoroso.

Alguns dos espíritos que estavam naquele lugar estenderam seus braços pedindo socorro para a equipe que acabara de chegar.

Sem dizer mais uma só palavra, eles entraram no enorme túnel de luz e se retiraram.

José Carlos não foi resgatado.

A balbúrdia continuou, após a saída da falange de luz.

Seguimos Lucas e eu atrás dos irmãos iluminados; afinal, eu ainda precisava compreender o porquê daquele resgate.

Chegamos a um posto de socorro do Umbral.

– Olhe, Osmar, agora ele vai ser socorrido.

– Lucas, por que o menino que ele matou e a sua irmã vieram buscá-lo?

– Eles estão ligados por diversas vidas. Carolina e Lelei são os mesmos que você viu na vida anterior e na fazenda.

José Carlos é ninguém menos que Chico, o assassino da menina Carol. Mas ele não está em condições espirituais de receber o perdão, por isso, vai ficar onde está.

Henrique foi o capataz Jordão, que muito mal fez a ele e à menina, protegendo Chico quando ocorreu o assassinato dela. O fato de ele estar sendo retirado do Vale das Sombras não quer dizer que o seu sofrimento acabou. Henrique será deixado no Umbral, até que se arrependa sinceramente de tudo o que fez.

O que você vê agora é um pedido de Carolina e Wanderley, pois eles sim são merecedores de todo o bem que pode ser aplicado a esse pobre espírito.

– Mas por que eles fizeram isso?

– Por acreditarem no amor e por estarem ligados a esses espíritos por diversas encarnações. Sabe, Osmar, o amor é o único sentimento capaz de salvar os espíritos; por isso, ame sempre que puder, perdoe sempre e evolua para que, um dia, você possa fazer o bem pelos que te feriram em algum momento.

Wanderley e Carolina deixaram a vida humana muito cedo. Logo após a morte de Lelei, Carol morreu atropelada enquanto se dirigia à faculdade; mas, isso, já estava na programação encarnatória dela.

O mais importante é que vocês aprendam que o mal praticado deverá ser compensado em algum momento da encarnação, seja na vida humana, ou mesmo, na vida espiritual. Nada está ao acaso, e tudo pode ser modificado no momento em que se coloca a misericórdia e o amor acima de todos os sentimentos existenciais.

Agora, cada um segue seu roteiro pessoal.

Lelei e Carolina voltaram à vida humana pela última vez, e terminarão ao lado de Helena e João as experiências que, enfim, vão cessar a necessidade de encarnação. Assim, logo estarão vivendo eternamente na vida espiritual.

Todos precisam se conscientizar de que Ele nos ama profundamente, e quantas forem as oportunidades necessárias a purgar o mal existencial, elas serão oferecidas.

Aproveitem a vida...

– Sem palavras, Lucas.

– Nos vemos em breve, fique com Deus.

– Gratidão, Lucas!

Assim, terminamos mais um livro. Mais uma mensagem que, sinceramente, espero que modifique você que lê os livros que psicografo com muito amor ao lado dos meus mentores espirituais.

"Deus abençoe sua vida!"

Fim

Outros títulos lançados por Osmar Barbosa

Conheça outros livros psicografados por Osmar Barbosa. Procure nas melhores livrarias do ramo ou pelos sites de vendas na internet.

Acesse

www.bookespirita.com.br

www.compralivro.com.br

Cinco Dias no Umbral
OSMAR BARBOSA
Pelo Espírito de Nina Brestonini

O Guardião da Luz
OSMAR BARBOSA
Pelo Espírito de Daniel

Colônia Espiritual Amor & Caridade
OSMAR BARBOSA
Pelo Espírito de Daniel

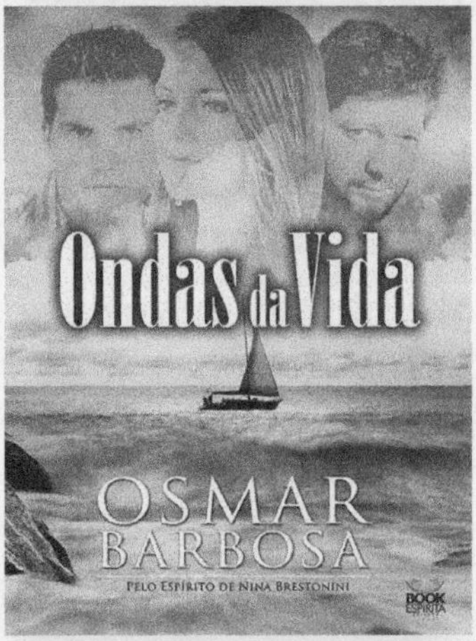
Ondas da Vida
OSMAR BARBOSA
Pelo Espírito de Nina Brestonini

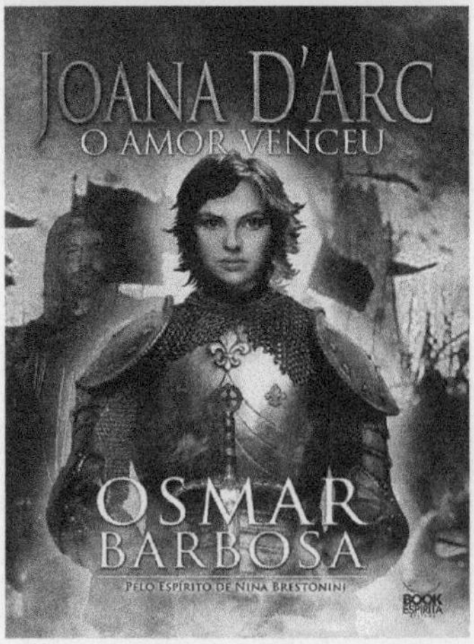
Joana D'Arc
O Amor Venceu
OSMAR BARBOSA
Pelo Espírito de Nina Brestonini

OSMAR BARBOSA
Pelo Espírito de Nina Brestonini
Além do Ser
A História de um Suicida

OSMAR
BARBOSA
Pelo Espírito de Nina Brestonini
ANTES
QUE A
MORTE NOS
SEPARE
BOOK
ESPÍRITA

Osmar Barbosa
Pelo espírito Daniel
Orai
&
Vigiai

A
BATALHA
DOS
ILUMINADOS
OSMAR
BARBOSA
Pelo Espírito Daniel
BOOK
ESPÍRITA

500
almas
OSMAR
BARBOSA
Pelo Espírito de Nina Brestonini
BOOK
ESPÍRITA

OSMAR
BARBOSA
Pelo Espírito Lucas
EU SOU
EXU
BOOK
ESPÍRITA

OSMAR
BARBOSA
Pelo Espírito do Cigano Rodrigo
Gitano
AS VIDAS DO
CIGANO RODRIGO
BOOK
ESPÍRITA

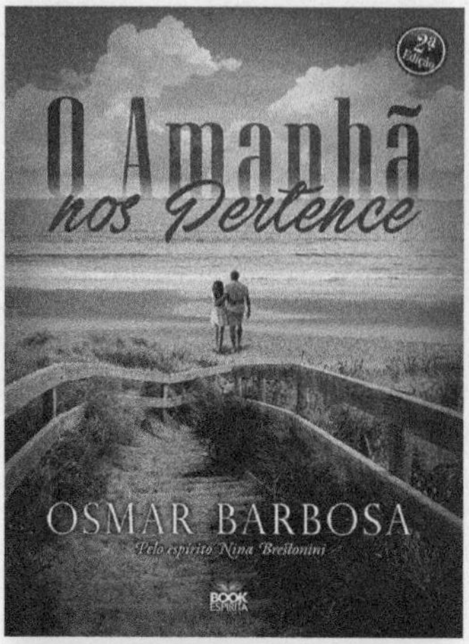
2ª Edição
O Amanhã nos Pertence
OSMAR BARBOSA
Pelo espírito Nina Brestonini
BOOK ESPÍRITA

Mãe, voltei!
OSMAR BARBOSA
Pelo espírito Nina Brestonini
BOOK ESPÍRITA

O Lado Azul da Vida
OSMAR BARBOSA
Pelo Espírito Nina Brestonini
BOOK ESPÍRITA

OSMAR BARBOSA
Pelo Espírito de Nicolas
DEPOIS...
BOOK ESPÍRITA

O LADO OCULTO DA VIDA
OSMAR BARBOSA
Pelo Espírito de Daniel
BOOK ESPÍRITA

Entrevista com Espíritos
Os Bastidores do Centro Espírita
por
OSMAR BARBOSA
BOOK ESPÍRITA

Entre Nossas
Vidas
OSMAR
BARBOSA
Pelo Espírito de Nina Brestonini

Colônia Espiritual
Amor & Caridade
Dias de Luz
OSMAR
BARBOSA
Pelo Espírito de Daniel

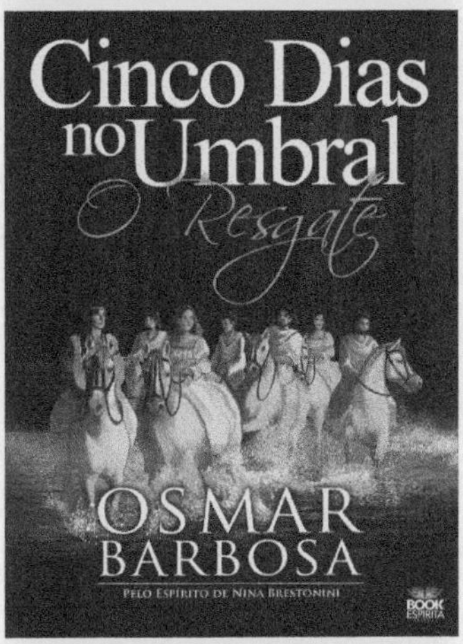
Cinco Dias
no Umbral
O Resgate
OSMAR
BARBOSA
Pelo Espírito de Nina Brestonini

OSMAR
BARBOSA
Pelo Espírito de Lucas
Amigo
Fiel

VINDE A MIM
O Evangelho no Lar
OSMAR
BARBOSA
Pelo Espírito de Daniel

IMPUROS
A Legião de Exus
OSMAR
BARBOSA
Pelo Espírito de Lucas

O Médico de
DEUS
OSMAR
BARBOSA
PELO ESPÍRITO DE NINA BRESTONINI

AUTISMO
A ESCOLHA DE NICOLAS
OSMAR
BARBOSA
PELO ESPÍRITO DE NINA BRESTONINI

UMBANDA
PARA
INICIANTES
OSMAR
BARBOSA

OSMAR BARBOSA
PARAFRASEANDO
CHICO
XAVIER
Seleção das mais belas frases
de Chico Xavier

Acordei no
UMBRAL
OSMAR
BARBOSA
PELO ESPÍRITO DE LUCAS

ROMANCE ESPÍRITA
A ROSA
DO CAIRO
OSMAR
BARBOSA
PELO ESPÍRITO DE NINA BRESTONINI

OSMAR
BARBOSA
Pelo Espírito de Nina Brestonini
Cinco Dias
no Umbral
O Perdão
BOOK
ESPÍRITA

pelo Espírito NINA BRESTONINI
DEIXE-ME Nascer
OSMAR BARBOSA

pelo Espírito LUCAS
OBSESSOR
OSMAR BARBOSA
BOOK
ESPÍRITA

A
Vida
depois da
Morte
OSMAR BARBOSA
pelos Espíritos NINA BRESTONINI e LUCAS
BOOK
ESPÍRITA

pelo Espírito JONAS
REGENERAÇÃO
UMA
NOVA
ERA
OSMAR BARBOSA
BOOK
ESPÍRITA

pelo Espírito NINA BRESTONINI
DEAMETRIA
HOSPITAL AMOR & CARIDADE
HAC
OSMAR BARBOSA

DEAMETRIA
A Desobsessão Modernizada
OSMAR BARBOSA
pelo Espírito CABOCLO VENTANIA
BOOK ESPÍRITA

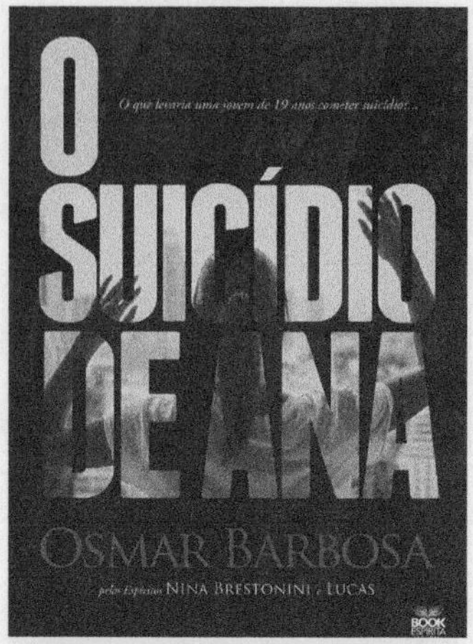
O SUICÍDIO DE ANA
OSMAR BARBOSA
pelos Espíritos NINA BRESTONINI e LUCAS
BOOK ESPÍRITA

GUARDIÃO
EXU
OSMAR BARBOSA
pelo Espírito LUCAS
BOOK ESPÍRITA

Cinco Dias no Umbral
O Limite
OSMAR BARBOSA
pelo Espírito NINA BRESTONINI
BOOK ESPÍRITA

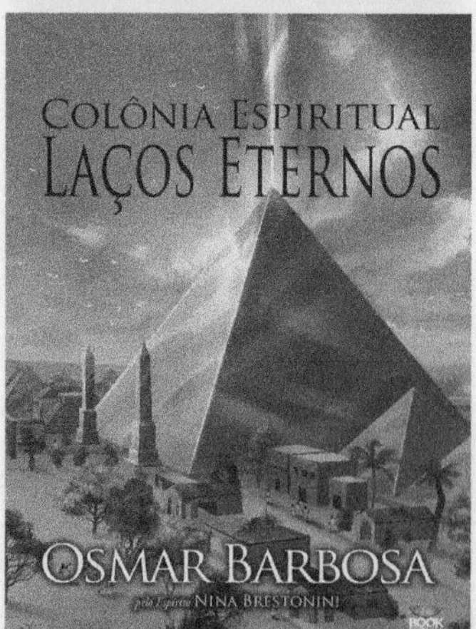
COLÔNIA ESPIRITUAL
LAÇOS ETERNOS
OSMAR BARBOSA
pelo Espírito NINA BRESTONINI
BOOK ESPÍRITA

DESPERTANDO
o
Espiritual
com
OSMAR BARBOSA
BOOK ESPÍRITA

pelo Espírito LUCAS
ACONTECEU NO UMBRAL
OSMAR BARBOSA

OSMAR BARBOSA
O DIÁRIO de um SUICIDA
pelo Espírito LUCAS

pelo Espírito LUCAS
SUPERIOR TRIBUNAL ESPIRITUAL
A JUSTIÇA DIVINA
OSMAR BARBOSA

Por que VOCÊ MORREU?
OSMAR BARBOSA
pelo Espírito NINA BRESTONINI

pelo Espírito LUCAS
UM ESPÍRITA NO UMBRAL
OSMAR BARBOSA

OSMAR BARBOSA
O Diário de um MORTO
pelo Espírito LUCAS

BOOK ESPÍRITA
EDITORA

Esta obra foi composta
na fonte Century751
No2 BT, corpo 13.
Rio de Janeiro, Brasil.